文部科学省後援

実用フランス語技能検定試験

2020 年度版

2級・準2級

仏検公式ガイドブック

傾向と対策＋実施問題

フランス語教育振興協会編

公益財団法人フランス語教育振興協会

音声アプリのご利用方法

付属 CD と同じ内容の音声がアプリでお聞きいただけます。

▼

①

パソコン・スマートフォンの QR コード読み取りアプリから下記 URL にアクセスするか、ブラウザから下記 URL を入力し、アクセスします。

https://audiobook.jp/exchange/surugadai

※上記以外の URL からアクセスされますと、音声をご利用いただけません。

▼

②

表示されたページから、audiobook.jp への会員登録ページに進みます。

※音声のダウンロードには、audiobook.jp への会員登録（無料）が必要です。

▼

③

登録後、①のページに再度アクセスし、シリアルコードの入力欄に

90292

を入力して「送信」をクリックします。

▼

④

「ライブラリに追加」のボタンをクリックします。

▼

⑤

スマートフォンの場合はアプリ「audiobook.jp」をインストールしてご利用ください。
パソコンの場合は、「ライブラリ」から音声ファイルをダウンロードしてご利用ください。

ご注意

・ダウンロードには、audiobook.jp への会員登録（無料）が必要です。
・PC からでも、iPhone や Android のスマートフォンからでも音声を再生いただけます。
・音声は何度でもダウンロード・再生いただくことができます。
・上記以外の URL からアクセスされますと、音声をご利用いただけません。
URL の入力間違いにご注意ください。
・当音声ファイルのデータにかかる著作権・その他の権利は公益財団法人フランス語教育振興協会（駿河台出版社）に帰属します。無断での複製・公衆送信・転載は禁止されています。

ダウンロードについてのお問い合わせ：info@febe.jp（受付時間：平日の 10〜20 時）

まえがき

21世紀はグローバル化の時代といわれます。そうであれば今こそ、いっそう多くの日本人が、世界から孤立せず、世界と対話し、平和で豊かな未来を切り拓くためには、さまざまな外国語をマスターしていくべきではないでしょうか。現代は、一言語一文化中心の時代でなく、多言語・多文化の世界でお互いを尊重しながら共生を目指すことが要請されているのですから、英語一辺倒の方針では限界があるのは明らかでしょう。

多言語の中でもとりわけフランス語は、フランスだけでなく、多数の国々や地域で話され、また、国連をはじめとする国際機関で使われている重要な公用語のひとつです。さらに、フランス語は、人類にとって普遍的な価値や独創的な文化を担ってきた言語でもあります。2020年には東京で、2024年にはパリで、オリンピック・パラリンピックが開催されますが、第一公用語はフランス語なのです。開会式では、開催国の言語のほかフランス語と英語で出場国が紹介されますが、その際最初に流れるのはフランス語です。また東京オリンピック・パラリンピックには、フランス語圏から多くの選手や関係者それに観光客が訪れます。これを機会にフランス語を勉強し、フランス語でコミュニケーションを試みてはいかがでしょうか。かならずや多くの貴重な体験が得られるはずです。

ビジネスの世界では、フランスの企業が次々に日本に進出してくる一方、日本の企業もフランス語圏に広く展開しています。トヨタ、ユニクロ、無印良品のフランス進出、日産とルノーの提携などはその典型的な例です。いまや英語ができてあたりまえとされるビジネスの世界にあっても、さらにフランス語も使いこなせるとなれば、チャンスがさらに広がることはまちがいないでしょう。他方、フランス語をマスターしてアフリカ諸国で国際協力、援助活動に従事している人も少なくありません。このようにフランス語を学び使いこなせるようになることは、自分の人生をより豊かに生きる道につながっています。

日本の学習者を対象とし、文部科学省とフランス大使館文化部の後援を受けて、1981年以来実施されている「仏検」は、フランス語を聞き・話し・読み・書く能力をバランスよく客観的に評価する検定試験として、ますます高い評価を受けています。1 級・準 1 級・2 級・準 2 級・3 級・4 級・5 級の 7 段階を合わせて毎年 3 万人弱が受験しています。また、大学の単位認定や編入学試験、大学院入試等に利用されるケースも多くなっています（多数の学生が受験している学校のリストが巻末にありますので、ご参照ください）。

なお、『仏検公式ガイドブック』は 2020 年度版から装いを新たにし、本書では 2 級・準 2 級の「傾向と対策」および 2019 年度の実施問題の解説・解答を掲載しています（書き取り・聞き取り試験の CD が付いています）。

本書の執筆分担は以下のとおりです（* は各級の監修者）。

2 級：三ツ堀広一郎・松村剛*
準 2 級：正田靖子・金澤忠信*

また、本書の別冊として、これまでの実施問題を精選して詳細な解説を施した『セレクション』が級毎に刊行されます。フランス語の実力アップと仏検合格のために、2 つの公式ガイドブックをどうぞご活用ください。

2020 年 3 月

公益財団法人　フランス語教育振興協会

目　次

実用フランス語技能検定試験　実施要領

実用フランス語技能検定試験（仏検）は、年2回、春季（1次試験6月・2次試験7月）と秋季（1次試験11月・2次試験1月）に実施しております。ただし、1級は春季のみ、準1級は秋季のみの実施です。

2次試験は1級・準1級・2級・準2級の1次試験合格者が対象です。なお、隣り合う2つの級まで併願が可能です。

また、出願の受付期間は、通常、春季は4月から5月中旬、秋季は9月から10月中旬です。

◆ 各級の内容

1級（春季のみ）	《1次》	筆記試験（記述式・客観形式併用）	120分
		書き取り・聞き取り試験	約40分
	《2次》	面接試験	約9分
準1級（秋季のみ）	《1次》	筆記試験（記述式・客観形式併用）	100分
		書き取り・聞き取り試験	約35分
	《2次》	面接試験	約7分
2級	《1次》	筆記試験（記述式・客観形式併用）	90分
		書き取り・聞き取り試験	約35分
	《2次》	面接試験	約5分
準2級	《1次》	筆記試験（記述式・客観形式併用）	75分
		書き取り・聞き取り試験	約25分
	《2次》	面接試験	約5分
3級		筆記試験（客観形式・記述式）	60分
		聞き取り試験	約15分
4級		筆記試験（客観形式）	45分
		聞き取り試験	約15分
5級		筆記試験（客観形式）	30分
		聞き取り試験	約15分

◆ 受験地（2019 年度秋季）

1 次試験　札幌、弘前、盛岡、仙台、秋田、福島、水戸、宇都宮、群馬、草加、千葉、東京、横浜、新潟、富山、金沢、甲府、松本、岐阜、静岡、三島、名古屋、京都、大阪、西宮、奈良、松江、岡山、広島、高松、松山、福岡、長崎、熊本、別府、宮崎、薩摩川内、宜野湾、パリ

2 次試験　札幌、盛岡、仙台、群馬、東京、新潟、金沢、静岡、名古屋、京都、大阪、松江、岡山、広島、高松、福岡、長崎、熊本、宜野湾、パリ

＊上記の受験地は、季ごとに変更となる可能性があります。また、会場によって実施される級がことなる場合がありますので、くわしくは、最新の仏検受験要項・願書または APEF のホームページをご覧ください。

＊最終的な受験地・試験会場の詳細は、受験票の記載をご確認ください。

◆ 出願方法　下記の 2 つの方法からお選びください

1. **インターネット申込**：詳細は APEF のホームページをご覧ください。
2. **郵送申込**：受験要項・願書を入手→検定料納入→願書提出、の順でお手続きください。

＊全国の仏検特約書店・大学生協では願書・要項を配布、あわせて検定料の納入を受け付けております。

＊願書・要項は仏検事務局へ電話・E-mail 等で請求なさるか、APEF ホームページよりダウンロードして入手なさってください。

◆ 合否の判定とその通知

級によりことなりますが、60～70％の得点率を目安に出題するように努めています。各級の合格基準は、審査委員会がさまざまな条件を総合的に判断して決定しています。

結果通知には合否のほか、合格基準点、合格率とご本人の得点が記載されます。

◆ お問い合わせ先

公益財団法人　フランス語教育振興協会（APEF）　仏検事務局

〒 102-0073　東京都千代田区九段北 1-8-1　九段 101 ビル
TEL:　03-3230-1603　　FAX:　03-3239-3157
E-mail: dapf@apefdapf.org
URL:　http://www.apefdapf.org

2019 年度仏検受験状況

級（季）	出願者数	1 次試験			1 次試験免除者数	2 次試験		
		受験者数	合格者数	合格率		受験者数	合格者数	最終合格率
1 級	638 名	528 名	68 名	12.9%	12 名	77 名	61 名	11.4%
準 1 級	1,209 名	1,083 名	259 名	23.9%	30 名	272 名	214 名	19.5%
2 級（春）	1,446 名	1,154 名	426 名	36.9%	66 名	462 名	370 名	31.1%
（秋）	1,618 名	1,414 名	533 名	37.7%	56 名	563 名	467 名	32.3%
準 2 級（春）	1,503 名	1,288 名	800 名	62.1%	44 名	807 名	661 名	51.0%
（秋）	1,721 名	1,447 名	866 名	59.8%	115 名	948 名	809 名	52.9%
3 級（春）	2,770 名	2,196 名	1,120 名	51.0%				
（秋）	3,399 名	2,999 名	1,683 名	56.1%				
4 級（春）	2,017 名	1,786 名	1,453 名	81.4%				
（秋）	3,235 名	2,925 名	2,192 名	74.9%				
5 級（春）	1,626 名	1,463 名	1,224 名	83.7%				
（秋）	2,470 名	2,284 名	2,027 名	88.7%				

＊ 1 級は春季のみ、準 1 級は秋季のみ

2級

2 級の内容と程度

● 程 度

日常生活や社会生活を営むうえで必要なフランス語を理解し、一般的なフランス語を読み、書き、聞き、話すことができる。ヨーロッパ言語共通参照枠（CEFR）の B1 にほぼ対応しています。

標準学習時間：400 時間以上

● 試験内容

読　む	一般的な事柄についての文章を読み、その内容を理解できる。
書　く	一般的な事柄について、伝えたい内容を基本的なフランス語で書き表わすことができる。
聞　く	一般的な事柄に関する文章を聞いて、その内容を理解できる。
話　す	日常生活のさまざまな話題について、基本的な会話ができる。
文法知識	前置詞や動詞の選択・活用などについて、やや高度な文法知識が要求される。

語彙：約 3,000 語

● 試験形式

1 次試験（100 点）

筆　記	問題数 7 問、配点 68 点。試験時間 90 分。マークシート方式、一部記述式。
書き取り	問題数 1 題、配点 14 点。試験時間（下記聞き取りと合わせて）約 35 分。
聞き取り	問題数 2 問、配点 18 点。語記入、マークシート方式。

2 次試験（30 点）

個人面接試験	日常生活に関する質問に対して、自分の伝えたいことを述べ、相手と対話をおこなう。 試験時間約 5 分。

2級の傾向と対策

2級は、準2級とくらべた場合、要求される程度が次のようにアップしています。準2級においては「日常生活における平易なフランス語」を「読み、書き、聞き、話す」ことが求められているのに対し、2級では「日常生活や社会生活を営むうえで必要なフランス語」の理解、すなわち「一般的なフランス語」を「読み、書き、聞き、話す」ことが必要とされています。準1級のように「多様なフランス語」が求められてはいませんが、単なる日常生活のレベルは超えており、より高度な「一般的なフランス語」の運用能力が必須とされていることに注意してください。ヨーロッパ言語共通参照枠ではB1におよそ対応しています。

標準学習時間は400時間ですから、4年制大学のフランス語・フランス文学専攻課程の4年生程度が目安といえるでしょう。必要な語彙数は約3000語で、これは『ラルースやさしい仏仏辞典 Niveau 1』（駿河台出版社）に収められている単語や表現を身につけていることにおよそ対応すると考えてよいでしょう。「単語や表現を身につける」とは、単にフランス語から日本語に、あるいは日本語からフランス語に個々の単語や表現を訳せることを意味するのではありません。それらの単語や表現を使ってきちんとした文を作ることができなくてはいけません。その場合、冠詞をどう使うか、前置詞としては何が適切か、組み合わせる単語はどれが自然かといった多様な問題が出てくることは2級のレベルでは当然わかるでしょう。さらに、名詞を動詞にしたらどうなるか、形容詞や動詞から名詞を作る場合にはどういう文ができるか、フランス語のなかで似たような言い方としてどういうものがあるか、それらの使い方の相違点はどこにあるか、あるいは逆に反意語としては何があるか、といった連想をどれだけ伸ばしていけるかというのも重要な点です。そういった意味での運用能力が求められている以上、仏和辞典と和仏辞典だけに頼る習慣はやめ、仏仏辞典を日ごろからよく読むことをおすすめします。本書でも『ラルースやさしい仏仏辞典 Niveau 1』を **解説** で引用していきますから、これをきっかけにこの辞書に慣れ親しむとよいでしょう。たくさんの例文と説明をとおして基本的な語彙を確実に身につけていくと、きちんとしたフランス語を使う喜びがいっそう増すにちがいありません。

『公式ガイドブック』には「**過去問しか載っていないから対策にならない**」

と思っている人がときどきいますが、過去の問題に取り組みつつ **解説** を熟読し、『ラルースやさしい仏仏辞典 Niveau 1』の該当箇所その他をよく読んで理解し、基本的な語彙を身につけていくことこそ最良の対策になるということは経験者が語るところです。問題を解くだけでなく **解説** もたんねんに読めば、今後の出題へのヒントがそこには多く隠されていると考えるべきでしょう。

もちろん、その他の手段でもフランス語になるべく多く接するように努めるべきであることは言うまでもないでしょう。現在では従来の紙媒体の新聞や週刊誌以外にも、インターネットを通じてさまざまな種類の情報を手に入れることが可能になっています。文字だけでなく画像や音声によって受け取ることもできます。ですから、そういった手段を積極的に活用し、生きたフランス語一般に多くふれるとよいでしょう。

2 級では準 2 級にくらべて記述式の問題がふえています。受験するときには記述式の問題を念入りに解くとよいでしょう。選択式は多少不明なところがあっても推測できる場合がありますが、記述式の場合には正確なつづりを書かなくてはいけないわけですから、ふだん以上にこまかいところまで注意して解答してください。基本的な事項ですが、文頭は**大文字**で始める、**アクサン**は明確に書く（傾斜の向きがあいまいにならないようにする、アクサン・シルコンフレックスをはっきり屋根型にする）といった点もおろそかにしないでください。筆記試験の 90 分をどう配分するかは各自の得意分野によってちがうでしょうが、選択式を早めに（もちろんあわてることなく）すませ、残った時間を記述式にあてて念入りに答えるというのはひとつの有効な方法だと言えるでしょう。書き取りと聞き取りにおいてもフランス語を注意して書くことを忘れないでください。

以下、2019 年度の問題と解説・解答を熟読し、それぞれの問題にどういう対策をすればよいか、よく考えてください。

解答用紙（雛型）（67%縮小）

2019年度　秋季　実用フランス語技能検定試験（2級）筆記試験　解答用紙

会　場　名
氏　名

会場コード					
⓪	⓪	⓪	⓪	⓪	⓪
①	①	①	①	①	①
②	②	②	②	②	②
③	③	③	③	③	③
④	④	④	④	④	④
⑤	⑤	⑤	⑤	⑤	⑤
⑥	⑥	⑥	⑥	⑥	⑥
⑦	⑦	⑦	⑦	⑦	⑦
⑧	⑧	⑧	⑧	⑧	⑧
⑨	⑨	⑨	⑨	⑨	⑨

受験番号							
⓪	⓪	⓪	⓪	⓪	⓪	⓪	⓪
①	①	①	①	①	①	①	①
②	②	②	②	②	②	②	②
③	③	③	③	③	③	③	③
④	④	④	④	④	④	④	④
⑤	⑤	⑤	⑤	⑤	⑤	⑤	⑤
⑥	⑥	⑥	⑥	⑥	⑥	⑥	⑥
⑦	⑦	⑦	⑦	⑦	⑦	⑦	⑦
⑧	⑧	⑧	⑧	⑧	⑧	⑧	⑧
⑨	⑨	⑨	⑨	⑨	⑨	⑨	⑨

記入およびマークについての注意事項

1. 解答にはかならずHBまたはBの黒鉛筆（シャープペンシルも可）を使用してください。ボールペンや万年筆等でマークした解答は機械による読み取りの対象とならないため，採点されません。
2. 記入は**太線の枠内**に，マークは◯の中を**正確に塗りつぶしてください**（下記マーク例参照）。
   採点欄は塗りつぶさないでください。
3. 訂正の場合は，プラスチック製消しゴムできれいに消してください。
4. **解答用紙を折り曲げたり，破ったり，汚したりしないでください。**

マーク例

良い例	悪い例
●	

1

解答番号	解答欄
(1)	① ② ③ ④ ⑤ ⑥ ⑦ ⑧
(2)	① ② ③ ④ ⑤ ⑥ ⑦ ⑧
(3)	① ② ③ ④ ⑤ ⑥ ⑦ ⑧
(4)	① ② ③ ④ ⑤ ⑥ ⑦ ⑧

2

解答番号	解答欄	採点欄
(1)		② ⓪
(2)		② ⓪
(3)		② ⓪
(4)		② ⓪
(5)		② ⓪

3

解答番号	解答欄	採点欄
(1)		② ⓪
(2)		② ⓪
(3)		② ⓪
(4)		② ⓪
(5)		② ⓪

4

解答番号	解答欄
(1)	① ② ③
(2)	① ② ③
(3)	① ② ③
(4)	① ② ③
(5)	① ② ③

5

解答番号	解答欄
(1)	① ② ③ ④ ⑤ ⑥ ⑦
(2)	① ② ③ ④ ⑤ ⑥ ⑦
(3)	① ② ③ ④ ⑤ ⑥ ⑦
(4)	① ② ③ ④ ⑤ ⑥ ⑦
(5)	① ② ③ ④ ⑤ ⑥ ⑦

6

解答番号	解答欄
(1)	① ②
(2)	① ②
(3)	① ②
(4)	① ②
(5)	① ②
(6)	① ②
(7)	① ②

7

解答番号	解答欄
(1)	① ② ③ ④
(2)	① ② ③ ④
(3)	① ② ③ ④
(4)	① ② ③ ④
(5)	① ② ③ ④

表面

2019年度　秋季　実用フランス語技能検定試験（2級）書き取り 聞き取り 試験　解答用紙

会　場　名
氏　名

会場コード

⓪	⓪	⓪	⓪	⓪	⓪
①	①	①	①	①	①
②	②	②	②	②	②
③	③	③	③	③	③
④	④	④	④	④	④
⑤	⑤	⑤	⑤	⑤	⑤
⑥	⑥	⑥	⑥	⑥	⑥
⑦	⑦	⑦	⑦	⑦	⑦
⑧	⑧	⑧	⑧	⑧	⑧
⑨	⑨	⑨	⑨	⑨	⑨

受験番号

⓪	⓪	⓪	⓪	⓪	⓪	⓪	⓪
①	①	①	①	①	①	①	①
②	②	②	②	②	②	②	②
③	③	③	③	③	③	③	③
④	④	④	④	④	④	④	④
⑤	⑤	⑤	⑤	⑤	⑤	⑤	⑤
⑥	⑥	⑥	⑥	⑥	⑥	⑥	⑥
⑦	⑦	⑦	⑦	⑦	⑦	⑦	⑦
⑧	⑧	⑧	⑧	⑧	⑧	⑧	⑧
⑨	⑨	⑨	⑨	⑨	⑨	⑨	⑨

記入およびマークについての注意事項

1. 解答にはかならずHBまたはBの黒鉛筆（シャープペンシルも可）を使用してください。ボールペンや万年筆等でマークした解答は機械による読み取りの対象とならないため、採点されません。
2. 記入は**太線の枠内**に、マークは◯の中を**正確に塗りつぶしてください**（下記マーク例参照）。
   採点欄は塗りつぶさないでください。
3. 訂正の場合は、プラスチック製消しゴムできれいに消してください。
4. **解答用紙を折り曲げたり、破ったり、汚したりしないでください。**

マーク例

良い例	悪い例

書き取り試験注意事項　（書き取り試験解答欄は裏面にあります。）

フランス語の文章を、次の要領で4回読みます。全文を書き取ってください。

- 1回目、2回目は、ふつうの速さで全文を読みます。内容をよく理解するようにしてください。
- 3回目は、ポーズをおきますから、その間に書き取ってください（句読点も読みます）。
- 最後に、もう1回ふつうの速さで全文を読みます。
- 読み終わってから3分後に、聞き取り試験にうつります。
- 数を書く場合は、算用数字で書いてかまいません。（配点　14）

書き取り試験

採　点　欄
⓪ ① ② ③ ④ ⑤ ⑥ ⑦ ⑧ ⑨
⑩ ⑪ ⑫ ⑬ ⑭

聞き取り試験

1

解答番号	解　答　欄	採点欄
(1)		① ⓪
(2)		① ⓪
(3)		① ⓪
		① ⓪
(4)		① ⓪
		① ⓪
(5)		① ⓪
		① ⓪

2

解答番号	解　答　欄
(1)	① ②
(2)	① ②
(3)	① ②
(4)	① ②
(5)	① ②
(6)	① ②
(7)	① ②
(8)	① ②
(9)	① ②
(10)	① ②

裏面

２級書き取り試験　解答欄

2019年度春季
実用フランス語技能検定試験
筆記試験問題冊子 〈2 級〉

問題冊子は試験開始の合図があるまで開いてはいけません。

筆 記 試 験		14 時 00 分 ～ 15 時 30 分 (休憩 20 分)
書き取り 聞き取り	試験	15 時 50 分から約 35 分間

◇**筆記試験と書き取り・聞き取り試験の双方を受験しないと欠席になります。**

◇問題冊子は表紙を含め 12 ページ、全部で 7 問題です。

注 意 事 項

1 途中退出はいっさい認めません。

2 筆記用具は **HB または B の黒鉛筆** (シャープペンシルも可) を用いてください。ボールペンや万年筆等でマークした解答は機械による読み取りの対象とならないため、採点されません。

3 解答用紙の所定欄に、**受験番号**と**カナ氏名**が印刷されていますから、まちがいがないか、**確認**してください。

4 **マーク式の解答は、解答用紙の解答欄にマークしてください**。たとえば、[1] の (1) に対して ③ と解答する場合は、次の例のように解答欄の ③ にマークしてください。

例 **1**

解答番号	解 答 欄
(1)	① ② ● ④ ⑤ ⑥ ⑦ ⑧

5 記述式の解答の場合、正しく判読できない文字で書かれたものは採点の対象となりません。

6 解答に関係のないことを書いた答案は無効にすることがあります。

7 解答用紙を折り曲げたり、破ったり、汚したりしないように注意してください。

8 問題内容に関する質問はいっさい受けつけません。

9 不正行為者はただちに退場、それ以降および来季以後の受験資格を失うことになります。

10 **携帯電話等の電子機器の電源はかならず切って、かばん等にしまってください。**

11 **時計のアラームは使用しないでください。**

12 この試験問題の複製 (コピー) を禁じます。また、この試験問題の一部または全部を当協会の許可なく他に伝えたり、漏えいしたりすることを禁じます (インターネットや携帯サイト等に掲載することも含みます)。

1　次の (1) ～ (4) の (　　) 内に入れるのにもっとも適切なものを、下の ① ～ ⑧ のなかから 1 つずつ選び、解答欄のその番号にマークしてください。ただし、同じものを複数回用いることはできません。(配点　4)

(1) Faute (　　) pain, elle a mangé une pomme pour le petit déjeuner.

(2) Il faut mettre la carte (　　) le bon sens, sinon la machine ne marchera pas.

(3) Mon père fait toujours passer son travail (　　) sa famille.

(4) Vous gardez (　　) vous ce que vous pensez.

① avant　② dans　③ de　④ depuis
⑤ dès　⑥ pendant　⑦ pour　⑧ sur

(解説・解答 ▶ p.36)

2　次のフランス語の文 (1) ～ (5) が、それぞれあたえられた日本語の文が表わす意味になるように、(　　) 内に入れるのにもっとも適切な語 (各 1 語) を解答欄に書いてください。(配点　10)

(1) « Défense d’(　　) »
「貼り紙禁止」

(2) Elle n’a rien de (　　) avec sa sœur.
彼女は姉に似たところがまったくない。

(3) Le chef changera d’avis d’(　　) demain.
あしたまでにはボスは意見を変えるんじゃないかな。

(4) Les maisons sont (　　) de prix à Tokyo.
東京の一戸建ては高すぎるよ。

(5) Tu ne l’aurais pas fait exprès, par (　　) ?
まさかわざとやったんじゃないよね。

(解説・解答 ▶ p.38)

3　次の (1) ～ (5) について、**A**、**B** がほぼ同じ意味になるように、(　　) 内に入れるのにもっとも適切なものを、下の語群から 1 つずつ選び、必要な形にして解答欄に書いてください。ただし、同じものを複数回用いることはできません。(配点　10)

(1) **A** C'est le voisin qui a volé mes fleurs ? Ça ne m'étonne pas.
B Je (　　) bien que c'était le voisin qui avait volé mes fleurs.

(2) **A** Comme elle n'est pas là, les vêtements traînent un peu partout.
B Si elle était là, les vêtements (　　).

(3) **A** Laisse tomber, c'est inutile d'y penser encore.
B (　　) ce qui a été fait : ça ne sert à rien de regretter.

(4) **A** Mon mari a perdu son travail la semaine dernière.
B Mon mari (　　) la semaine dernière.

(5) **A** Paul et moi, nous nous connaissons depuis 60 ans.
B Nous (　　) pour la première fois il y a 60 ans, Paul et moi.

finir	licencier	mettre	oublier
ranger	se douter	se prendre	se rencontrer

(解説・解答 ▶ p.41)

4　次の文章を読み、(1) ~ (5) に入れるのにもっとも適切なものを、それぞれ右のページの ① ~ ③ のなかから 1 つずつ選び、解答欄のその番号にマークしてください。(配点 10)

Cet été, la ville de Champagne-sur-Seine propose pour la sixième année son programme « Apprenons à nager ». Avec ce programme, des enfants peuvent apprendre à nager gratuitement. « Savoir nager, c'est comme savoir lire et écrire, c'est indispensable », affirme Mathilde, (1) le nombre de noyades* de cet été. Fin juillet, on comptait déjà plus de 200 morts par noyade en France, dont 15 en Île-de-France. Mathilde a donc inscrit sa fille Léa, sept ans, au programme proposé par la mairie.

180 enfants de Champagne-sur-Seine en profitent chaque année. « Nous voulons ainsi (2) accidents, parce que la Seine présente un danger même si la baignade y est interdite », insiste la mairie. « (3), on fait baisser les risques. »

Quand on ne sait pas nager, on hésite toujours à entrer dans l'eau, même dans une piscine. « Au début, j'avais peur d'aller dans le grand bain », dit Léa. « Mais maintenant, (4) de pouvoir avancer dans l'eau. »

Comme Léa, après quelques exercices, les apprentis nageurs se sentent plus à l'aise, ce qui leur permet (5) lorsqu'ils s'éloignent du bord de l'eau. « C'est la panique** qui entraîne le plus souvent les noyades », affirment les maîtres nageurs***.

* noyade : 水死
** panique : パニック
*** maître nageur : 水泳指導員

(1) ① rassurée profondément par
② très marquée par
③ un peu douteuse sur

(2) ① être indifférents aux
② éviter au maximum les
③ profiter des

(3) ① Avec ce que les enfants apprennent ici
② Malgré cette interdiction
③ Malgré tous nos efforts

(4) ① il est encore difficile pour moi
② je m’inquiète
③ je trouve ça amusant

(5) ① de ne pas avoir peur
② de rester imprudents
③ d’être sur les nerfs

（解説・解答 ▶ p.43）

5　次の文章は、Capucine に対するインタビューの一部です。インタビュアーの質問として (1) ～ (5) に入れるのにもっとも適切なものを、右のページの ① ～ ⑦ のなかから1つずつ選び、解答欄のその番号にマークしてください。(配点 10)

La journaliste : Vous êtes championne nationale d'équitation*. (1)

Capucine : Un jour, mes parents m'ont emmenée à un club d'équitation. Et là, ils ont vu que j'étais heureuse avec les chevaux.

La journaliste : (2)

Capucine : Non, je n'aimais pas le sport. Mais, à cheval, j'essayais toujours d'aller plus vite.

La journaliste : (3)

Capucine : Pas du tout, ce que disent les autres ne m'influence pas.

La journaliste : C'est un milieu encore très masculin. (4)

Capucine : Non, cela ne me pose aucun problème. Les cavaliers** me parlent vraiment d'égal à égal.

La journaliste : (5)

Capucine : Beaucoup de petites filles veulent savoir comment j'en suis arrivée là. Mais on peut y arriver simplement en aimant les chevaux !

* équitation : 馬術、乗馬
** cavalier : 騎手

① Avez-vous suivi des conseils de quelqu'un ?

② Est-ce que ça vous gêne ?

③ Êtes-vous contente de votre résultat ?

④ Étiez-vous sportive à l'époque ?

⑤ Qu'est-ce que vous diriez aux jeunes filles passionnées d'équitation ?

⑥ Qu'est-ce qui vous a poussée à ce sport ?

⑦ Voulez-vous faire d'autres sports ?

(解説・解答 ▶ p.45)

6

次の文章を読み、右のページの (1) ～ (7) について、文章の内容に一致する場合は解答欄の ① に、一致しない場合は ② にマークしてください。(配点　14)

En janvier dernier, Penelope Medem, en promenade sur une plage d'Argentine avec des amis, a remarqué une bouteille à demi cachée sous le sable. À l'intérieur de la bouteille, elle a trouvé une feuille de papier humide. Un texte était écrit sur le document. Il était légèrement effacé mais elle a quand même pu lire, en espagnol, une adresse et une date. Après de longues recherches sur Internet, Penelope a compris que cette bouteille avait été jetée à la mer le 10 mai 1899. Un bateau espagnol l'avait lancée dans l'océan Atlantique*, dans le but d'étudier les courants marins** et d'améliorer les voyages en mer.

Après cette découverte, la famille Medem s'est mise en relation avec des spécialistes des bouteilles jetées à la mer, qui ont continué les recherches dans les bibliothèques. On a ainsi découvert que des milliers de bouteilles accompagnées d'un message avaient été jetées dans le monde entier, de 1881 à 1930, sur ordre d'une organisation scientifique espagnole. 539 messages ont été retrouvés, dont celui de Penelope. La bouteille a fait 10 353 km à travers l'océan Atlantique, avant d'arriver sur la plage, puis elle est restée sous le sable pendant plus de 100 ans.

Maintenant, la bouteille et son message sont exposés dans un musée à Cadix, en Espagne.

* l'océan Atlantique : 大西洋
** courant marin : 海流

(1) Penelope Medem se promenait seule sur la plage quand elle a trouvé la bouteille qui contenait une feuille de papier.

(2) Sur la feuille de papier, Penelope a pu lire une adresse et une date en langue espagnole.

(3) Une longue recherche a permis à Penelope de comprendre que la bouteille avait été jetée à la mer à la fin du 19e siècle.

(4) La famille Medem a contacté des spécialistes qui mènent des recherches sur les bouteilles jetées à la mer.

(5) 539 messages ont été retrouvés parmi les milliers de bouteilles lancées dans le monde entier.

(6) La bouteille a mis plus de 100 ans pour arriver en Argentine.

(7) La bouteille et son message seront très bientôt exposés dans un musée en Espagne.

（解説・解答 ▶ p.46）

7　次の対話を読み、(1)～(5)に入れるのにもっとも適切なものを、それぞれ右のページの ① ～ ④ のなかから1つずつ選び、解答欄のその番号にマークしてください。(配点 10)

Nathan : Allez, viens, Thomas ! On va déjeuner avec les autres ?
Thomas : (1), je préfère manger seul aujourd'hui.
Nathan : Qu'est-ce que tu as ? Tu es de mauvaise humeur ?
Thomas : Non. Je voudrais tout simplement manger tranquillement.
Nathan : Mais, (2) ! Manger à plusieurs, c'est bien mieux.
Thomas : (3), mais il y a des jours où on n'a pas envie de prendre son repas avec ses collègues.
Nathan : Pour moi, (4), déjeuner avec les collègues a toujours quelque chose de rassurant.
Thomas : C'est-à-dire ?
Nathan : Je sens que je fais partie d'un groupe.
Thomas : (5), mais tu devrais aussi comprendre le plaisir de manger seul de temps en temps.

(1)　① Mais oui
② Moi aussi
③ Non merci
④ Pas tout à fait

(2)　① ça tombe bien
② ça y est
③ c’est la vie
④ c’est triste

(3)　① Ça ne fait rien
② C’est ce qu’on va voir
③ Tant pis
④ Tu as sans doute raison

(4)　① brusquement
② exactement
③ malheureusement
④ personnellement

(5)　① C’est toute une histoire
② D’accord
③ Et c’est le cas
④ Il n’y a pas de quoi

（解説・解答 ▶ p.48）

2019年度春季
実用フランス語技能検定試験
聞き取り試験問題冊子　〈 2 級 〉

書き取り・聞き取り試験時間は、 15 時 50 分 か ら 約 35 分 間

先に書き取り試験をおこないます。解答用紙表面の書き取り試験注意事項をよく読んでください。書き取り試験解答欄は裏面にあります。

この冊子は指示があるまで開かないでください。

◇**筆記試験と書き取り・聞き取り試験の双方を受験しないと欠席になります。**

◇問題冊子は表紙を含め 4 ページ、全部で 2 問題です。

書き取り・聞き取り試験注意事項

1　途中退出はいっさい認めません。

2　書き取り・聞き取り試験は、CD・テープでおこないます。

3　解答用紙の所定欄に、**受験番号**と**カナ氏名**が印刷されていますから、まちがいがないか、**確認**してください。

4　CD・テープの指示にしたがい、中を開いて、日本語の説明をよく読んでください。フランス語で書かれた部分にも目を通しておいてください。

5　解答はすべて別紙の書き取り・聞き取り試験解答用紙の解答欄に、**HB または B の黒鉛筆**（シャープペンシルも可）で記入またはマークしてください。ボールペンや万年筆等でマークした解答は機械による読み取りの対象とならないため、採点されません。

6　問題内容に関する質問はいっさい受けつけません。

7　**携帯電話等の電子機器の電源はかならず切って、かばん等にしまってください。**

8　**時計のアラームは使用しないでください。**

9　この試験問題の複製（コピー）を禁じます。また、この試験問題の一部または全部を当協会の許可なく他に伝えたり、漏えいしたりすることを禁じます（インターネットや携帯サイト等に掲載することも含みます）。

書き取り・聞き取り試験

（試験時間：約40分間）

書き取り試験

注意事項

Martineの話を、次の要領で4回読みます。全文を書き取ってください。

- 1回目、2回目は、ふつうの速さで全文を読みます。内容をよく理解するようにしてください。
- 3回目は、ポーズをおきますから、その間に書き取ってください（句読点も読みます）。
- 最後に、もう1回ふつうの速さで全文を読みます。
- 読み終わってから3分後に、聞き取り試験にうつります。
- 数を書く場合は、算用数字で書いてかまいません。（配点　14）

［音声を聞く順番］ 01 → 01 → 02 → 01

（解説・解答 ▶ p.51）

聞き取り試験

1

- まず、Béatriceへのインタビューを聞いてください。
- つづいて、それについての5つの質問を読みます。
- もう1回、インタビューを聞いてください。
- もう1回、5つの質問を読みます。1問ごとにポーズをおきますから、その間に、答えを解答用紙の解答欄にフランス語で書いてください。
- それぞれの（　　）内に1語入ります。
- 答えを書く時間は、1問につき10秒です。
- 最後に、もう1回インタビューを聞いてください。
- 数を記入する場合は、算用数字で書いてください。

（メモは自由にとってかまいません）（配点　8）

［音声を聞く順番］ 03 → 04 → 03 → 05 → 03

(1) Elle désirait (　　　) de la (　　　) son métier.

(2) Ils lui ont conseillé de suivre une (　　　) plus (　　　).

(3) Il y a quatre ans, quand on l'a (　　　) du (　　　).

(4) Elle y a (　　　) ses œuvres.

(5) Une (　　　) canadienne.

（解説・解答 ▶ p.54）

2

- まず、Clément の話を 2 回聞いてください。
- 次に、その内容について述べた文 (1) ～ (10) を 2 回通して読みます。それぞれの文が話の内容に一致する場合は解答欄の ① に、一致しない場合は ② にマークしてください。

（解説・解答 ▶ p.59）

- 最後に、もう 1 回 Clément の話を聞いてください。
  (メモは自由にとってかまいません) (配点　10)

[音声を聞く順番]　06 → 06 → 07 → 07 → 06

2 次 試 験

試験方法

○2次試験は個人面接です（面接時間：5分）。
○指示にしたがい試験室に入室し、はじめに氏名の確認がありますから、フランス語で答えてください。
○次に、面接委員によりフランス語で質問がありますから、フランス語で答えてください。

＊注意＊　試験入室前に携帯電話等の電子機器の電源を切ってください。

◆ Le jury choisit un(des) sujet(s) dans la liste en fonction des intérêts de chaque candidat.

1. Aimez-vous les enfants ?
2. Quel est votre plat préféré ?
3. Regardez-vous souvent la télévision ?
4. Voudriez-vous vivre (travailler) à l'étranger ?
5. Préférez-vous voyager seul(e) ou avec quelqu'un ?
6. Qu'est-ce que vous faites avant de dormir ?
7. Qu'est-ce que vous faites comme sport ?
8. Présentez-nous le quartier où vous habitez.
9. Racontez-nous votre dernier week-end.
10. Qu'est-ce que vous vouliez devenir quand vous étiez enfant ?
    / Qu'est-ce que vous voulez devenir plus tard ? *

    * À choisir selon l'âge du candidat.

（解説 ▶ p.63）

2019 年度春季 2 級

今季の出願者は 1446 名（うち 1 次試験免除者数 66 名）、1 次試験の実受験者数は 1154 名でした。また 1 次試験の合格者は 426 名（対受験者合格率 37%）、1 次試験の平均点は 55 点でした。1 次試験免除者をくわえた 2 次試験の実受験者は 462 名、1 次試験と 2 次試験の両方に合格した最終合格者数は 370 名（最終合格率 31%）でした。

出題内容のあらまし

1次［筆記］

1 前置詞（穴うめ・選択）
2 フランス語文の完成（和文つき／穴うめ・記述）
3 フランス語文の完成（動詞を選択活用／穴うめ・記述）
4 説明文（泳ぎを習おう／穴うめ・選択）
5 インタビュー（馬術の女性チャンピオン／穴うめ・選択）
6 説明文（投瓶通信／内容一致・選択）
7 対話文（昼食は同僚たちと？　ひとりで？／穴うめ・選択）

［書き取り］ 談話文（祖父母の家畜）

［聞き取り］

1 対話文（ピアニストへの転身／仏問仏答完成／穴うめ・記述）
2 談話文（パン屋の開業／内容一致・選択）

2次［面接］（個人面接方式）受験者が試験室に入室後、面接委員がフランス語で質問し、受験者がそれに答える。（試験時間約5分間）

1 次 試 験

筆記試験

解説・解答

1 **解説** 適切な前置詞を選択する問題です。同様の形式の問題が1級にいたるまで出題されていることからもわかるように、前置詞はフランス語の文章を組み立てるにあたってきわめて重要な役割をはたします。前置詞は、数が限られているうえに形の変化もありませんので、動詞などにくらべるとその学習は比較的容易に見えます。たしかに問われる前置詞は、àやde、そしてdans、en、pourなど、いずれも初級文法の授業で習う基本的なものばかりです。しかしひとつの前置詞がさまざまな意味や用法をもっているため、使い分けに注意が必要で、上級者でも油断ができません。多くの文章にふれるにつれて、次第に、àは「～（場所・時間）に」、deは「～（場所・時間）から」といった、初級文法で最初に覚えた意味では対応できない表現に出会うようになります。そのとき感じる違和感こそが、フランス語上達のための大きなチャンスです。今さら前置詞を調べるなんてと面倒くさがらずに辞書をひき、文脈にもっともよくあてはまる用法はどれなのか、説明と例文を熟読してみつけてください。その際、辞書をひくときはつねにそうですが、当該の用法以外の用法についても目を通し、頭のなかを整理しておいてください。疑問をもつたびにそれを繰り返していれば、文章に出てくるすべての前置詞について、用法をきちんと説明できるようになるでしょう。同じ前置詞でも組み合わされた動詞や形容詞によってことなった意味で用いられるということを、実例をもって十分に理解しておくことが大切です。

もうひとつ重要なのは、前置詞そのものの学習というよりも、動詞や形容詞、名詞について学ぶ際に、それと結びついて用いられる前置詞をいっしょに覚えておくことです。また前置詞は特定の単語と結びついて日本語話者の感覚からかけ離れた成句的な表現を作ることもあります。勘に頼らず辞書をこまめにひいて確認するようにしましょう。前置詞それ自体の用法とほかの品詞による特定の前置詞の要求との双方の側面に注意していれば、前置詞は着実に身についていくはずです。

今回、この問題の全体の得点率は35%で、例年にくらべて低めの結果となりました。

それでは、設問ごとにくわしく見ていきましょう。

(1) Faute (de) pain, elle a mangé une pomme pour le petit déjeuner.「パンがなかったので、彼女は朝食にリンゴを1つ食べた」という意味です。faute de qqch は「～がないので、～がなければ」という意味の成句で、前置詞 de には無冠詞名詞がつづきます。『ラルースやさしい仏仏辞典 Niveau 1』の faute の項には、« Je n'ai pas pu terminer mon travail, faute de temps. »「時間がなくて、私は仕事を終えることができなかった」という例文が載っています。関連する成句として、faute de mieux「仕方がないので」があります。合わせて覚えておきましょう。この設問の得点率は高く、79%でした。

(2) Il faut mettre la carte (dans) le bon sens, sinon la machine ne marchera pas.「カードは正しい向きに入れなければなりません。そうしないと機械は動きません」。まず、ここでの sens が「方向、向き」という意味になることを文脈から把握しなければなりません。この意味での sens は、たいてい「どんな」方向であるのかを示す補語や形容詞をともない、副詞句として用いられる場合は、前置詞 dans もしくは en にみちびかれます（問題文では、空欄の直後に定冠詞 le が置かれていますので、en を使うことはできません）。dans le bon sens で、「正しい方向（向き）に」という意味になります。逆の意味を表わすのが、dans le mauvais sens「まちがった方向に、逆向きに」です。『ラルースやさしい仏仏辞典 Niveau 1』の sens の項には、« Ne me dis pas que tu lis le journal, tu le tiens dans le mauvais sens ! »「新聞を読んでるとは言わせないぞ、さかさまにもってるじゃないか！」という例文が載っています。この設問の得点率は34%でした。

(3) Mon père fait toujours passer son travail (avant) sa famille.「私の父はつねに家族より仕事を優先させる」。avant は、時間的な先行性を示すばかりでなく、序列や順位において「～より前に、～より先に」という意味で用いられることがあります。しばしば placer / faire passer A avant B「B より A を優先させる」という形が使われますので、覚えておきましょう。『ラルースやさしい仏仏辞典 Niveau 1』の avant の項には、« C'est un égoïste qui fait toujours passer son intérêt avant celui des autres. »「あの人は他人の利益よりつねに自分の利益を優先させる利己主義者だ」という例文が載っています。この設問の得点率はかなり低く、12%にとどまりました。多くの受験者は *pour* を選びましたが、これでは文の意味が通りません。

(4) Vous gardez (pour) vous ce que vous pensez.「あなたは自分の考えを胸にしまっておく方ですね」という意味です（直説法現在が命令を表わすと解釈すれば「ご自分の考えは胸にしまっておくのですよ」という意味でもとれます）。ここでの pour は「〜のために」という意味になります。前置詞 pour のごく基本的な用法です。それでも得点率が 15%と低かったのは、多くの受験者がここでの動詞 garder の意味と用法を正確にとらえていなかったせいでしょう。この問題文におけるように、garder は「(秘密など) を守る、もらさない」という意味で用いられることがあります。命令法などにしたうえで、pour toi / vous を組み合わせると、「〜を内密にしておくように、〜を口に出さないように」という意味の依頼の文になります。

解答　(1) ③　(2) ②　(3) ①　(4) ⑦

2

解説 自然な日本語の文をフランス語の文に書きかえる際に必要となる語を空欄に記す問題です。ここで注意しなければならないのは、日本語の文がフランス語の文に 1 語 1 語対応しているわけではないということです。そのため、空欄に対応する日本語の単語をさがして、それをそのままフランス語に訳しても正解は得られません。

この問題を解くにあたっては、まず日本語の文の内容をよく理解しましょう。次にフランス語の文を読みます。空欄にどのような品詞のどのような形が入るのかを文の構造から推測し、日本語の文と同じ内容の正しい文になる単語をさがします。そのとき、日本語の言い回しにとらわれるのではなく、むしろあたえられたフランス語文にひきつけて日本語文を言いかえられないかどうかを考えると答えやすくなります。そして解答を書く際には、つづりのまちがいをしないように十分注意しましょう。

この問題に備えるためには、1 つの単語がほかのどのような単語と組み合わされて使われるかを意識的に覚えていきましょう。また成句表現に特有な言い回しや、日常的な口語表現についても、どのような文脈で使われるかもふくめて、きちんと身につけておくことが大切です。

この問題全体の得点率は例年より低く、12%でした。

それでは、各設問をくわしく見ていきましょう。

(1) défense de + inf. で、公共の場所の掲示板や貼り紙で見かける「～禁止」という慣用表現になります。défense d'entrer は「立ち入り禁止」、défense de fumer は「禁煙」です。正解は afficher です。ポイントは、前置詞 de には動詞の不定形がつづくことです。設問では、日本語の「貼り紙」にひきずられたためか、名詞の *affiche(s)* とした誤答、あるいはおなじく名詞の *annonce(s)* とした誤答がめだちました。また不定詞であっても、*attacher* や *appliquer* では「貼り紙」という意味にはなりません。もっとも多く見られた誤答は *interdit* ですが、これでは文法的に成立しないばかりか、「禁止の禁止」という意味合いになってしまい、かつて学生反乱で街頭が沸き立っていた時代に叫ばれたスローガン Défense d'interdire を連想させるばかりで、正解から遠いことは言うまでもありません。この設問の得点率は6%でした。

(2) 「～となにかしら共通点がある」という意味の慣用表現 avoir quelque chose de commun avec ... を思いつけるかどうかが鍵になります。この表現は、むしろ否定形の n'avoir rien de commun avec ...「～となにも共通点はない」という形で使われるケースが圧倒的に多いのですが、いずれにせよ、quelque chose や rien のような不定代名詞に形容詞を付加するときには、前置詞 de を介在させるという規則を忘れないようにしましょう。したがって、空欄には形容詞（男性形）commun が入ります。誤答としては、「似たところ」という日本語にひきずられたせいもあってか、不定詞の *ressembler*、動詞の *ressemble* や *semble*、名詞の *ressemblance* が散見しました。ただし形容詞であっても、*ressemblant* は誤答です。ほかに *même* や *pareil* といった誤答もめだちました。この設問の得点率は5%でした。

(3) d'ici に名詞もしくは時間を示す副詞をつづけると、「～までに」という意味の前置詞句として機能します。この意味では、前置詞 avant に置きかえることができます。この場合 ici は「今」を表わし、本来は d'ici à ...「今から～までに」という形をとりますが、前置詞 à は省略してもかまいません。

『ラルースやさしい仏仏辞典 Niveau 1』の ici の項目を見ると、« Pour partir on prendra le train ou la voiture ? — Oh ! d'ici aux vacances, on a le temps de réfléchir ! »「出かけるのに電車を使うの？　それとも車？―― おお、バカンスまでにはまだ考える時間があるさ！」という例文や、« Il pleut, mais j'espère que, d'ici demain, le temps va changer. »「雨が降っているけど、あしたまでには天気が変わるといいなあ」という例文が載っています。圧倒的に頻度の高かった誤答は *avant* で、ほかに *après*、*autre*、*avance* といった誤答も見うけられました。この設問の得点率は、わずか 3%でした。

(4) 日本語の「(値段が) 高すぎる」に対応するフランス語の表現はいろいろ考えられますが、問題文の空欄の直前に être 動詞、直後に前置詞 de と名詞 prix が使われているのを見れば、ぱっと思いつくだろう *trop* という副詞は排除せざるをえません。être hors de prix「法外な値段である」という慣用表現を思い出せたでしょうか。前置詞句 hors de は「(ある範囲や限度) をはずれた」という意味になり、しばしばこの問題文にあるような慣用表現を作ります。たとえば、hors de danger「危機を脱した」、hors d'usage「使用不可能な」、hors de question「問題外の」などです。誤答としては、やはり *trop* がもっとも多く、ほかに *haut(e)(s)*、*cher(s)*、*chère(s)* といった形容詞もめだちました。得点率は 20%でした。

(5) par hasard という成句は、「偶然に、たまたま」という意味になるほかに、ていねいな質問で、あるいは皮肉を込めて、「もしかして、まさか」という意味で用いられることがあります。『ラルースやさしい仏仏辞典 Niveau 1』の hasard の項には、« Tu n'aurais pas fouillé dans mes affaires, par hasard ? »「ひょっとしておまえ、おれの持ち物をさぐったりしてないよな」という例文が載っています。設問は、par hasard のこの用法を思いつけるかどうかを問うています。誤答としては、「わざと」に対応させようとしたためか（「わざと」は副詞 exprès によってすでに表わされています）、*intention* がめだちました。また、*hazard* というつづりのまちがいも多く見うけられました。この設問の得点率は 24%でした。

解答　(1) afficher　(2) commun　(3) ici　(4) hors　(5) hasard

3　**解説**　2つの文**A**と**B**があたえられており、**B**の文には1語だけ空欄があります。**A**と**B**がほぼ同じ意味になるように、不定詞の形であたえられた8つの動詞のなかから適切なものを選び、それを必要な形に活用させて空欄をうめるという問題です。

同じ内容であっても別の表現で言い表わすために、筆記試験の2のように発想の転換が必要になります。もちろん、**A**と**B**の構文が同じで、**A**のひとつの単語の類義語をさがせばよい場合もありますが、どちらかといえば例外です。大半は、**A**と**B**がことなる構文で、空欄に対応するのが品詞のことなる複数語の表現である場合です。

そのうえで忘れてはならないのは、**A**の時制と叙法を見きわめて、選んだ動詞をそれに合わせて活用させることです。その際、活用形のつづりをまちがえないように注意しましょう。

この問題全体の得点率は例年並みで、23％でした。

それでは、各設問をくわしく見ていきましょう。

(1)　**A**の文は、「うちの花を盗んだのは隣の人ですって？　私は驚きませんね」という意味です。**B**の文は、「うちの花を盗んだのは隣の人だと私は(　　)」となっています。se douter de qqch / que + ind. が「～ではないかと思う、～だろうと予期する」という意味になりますので、選択肢のなかからこれを選びます。問題は、この代名動詞の時制をどうするかです。「盗んだ」に対応する**A**の文の動詞は複合過去ですが、**B**の文の従属節のなかでは大過去に置かれていることに注意しましょう。時制の一致の原則から考えると、**B**の空欄に入る動詞は現在形にはなりえませんので、me doutais と半過去形にします。日常的に使われる表現として、« Je m'en doutais bien. »「そんなことだろうと思っていた」という言い回しがありますので、これを覚えておくとよいでしょう。誤答としては、直説法現在の me *doute* がもっとも多く、複合過去の me *suis douté* も散見しました。ほかに me *prends* とした誤答も少なくありませんでした。得点率は5％でした。

(2)　**A**の文は、「彼女がいないので、服があちこちに散らかっている」という意味です。**B**の文は「もし彼女がいれば、服は(　　)」となっており、反実仮想の事柄が述べられているはずだとわかります。反実仮想ですから、空欄には、**A**の「散らかっている」とは逆の意味になる動詞表現を入れればよいことになります。選択肢のなかから ranger「片づける」を選びますが、主語は les vêtements「服」ですので、これを受動態にしたうえで、条件法現在に活用して、seraient rangés「片づけられているだろう」にします。多くの受験者が ranger を選んだところまではよいのですが、残念ながら、*rangeraient* と能動態のままにしてある誤答が多く見られ、直説法現在の *rangent*、*range* としたものも少なくありませんでした。受動態にしてあっても、*auraient été* rangés、*sont* rangés のように、条件法現在になっていない誤答も散見しました。得点率は 7%でした。

(3) **A** の文は「あきらめなさい、くよくよ考えるても無駄だよ」という意味で、**B** の文は「すんだことは（　　）。後悔してもなにも始まらないよ」と訳せます。**A** の文で命令法に置かれている laisser tomber ... は、「～を放棄する、やめる、あきらめる」という意味の動詞表現ですが、選択肢のなかでこれとほぼ同義になる動詞は oublier「忘れる」しかありません。これを **A** に合わせて、Oublie と命令法にします。誤答としては、*Oublies* のようにつづりをまちがえたもの、*Oubliez* のように vous に対応する命令法にしたものがめだちました。また、*Met*、*Finis* など、別の動詞を選んだ誤答も見うけられました。この設問の得点率は 47%でした。

(4) **A** の文は、「先週、私の夫は職を失った」という意味です。**B** の文は「先週、私の夫は（　　）」となっています。**A** と **B** の構文は同じですから、空欄には a perdu son travail「職を失った」とほぼ同義になる動詞表現を入れることになります。選択肢のなかから licencier「解雇する」を選びます。これを受動態にしたうえで、**A** に合わせて複合過去形にすれば、a été licencié という答えがみちびかれます。誤答としては、設問**(2)**と同様に、能動態で a *licencié* としたものが多く見うけられました。ほかに *s'est douté*、a *fini*、a *oublié*、a *rangé* など別の動詞を選んだ誤答も少なくありませんでした。得点率は 13%でした。

(5) **A** の文は「Paul と私は 60 年前からの知り合いだ」、**B** の文は「Paul と私は 60 年前に初めて（　　）」という意味になります。60 年前からの知り合いということは、60 年前に「知り合った」わけですから、これに近い意味を表わすことのできる動詞を選択肢のなかからさがします。すると、se rencontrer「出会う」がふさわしいことに気づくでしょう。これを nous sommes rencontrés と直説法複合過去にすれば正解です。代名動詞ですから助動詞には être を使い、再帰代名詞が直接目的ですから過去分詞が性数一致することに注意しましょう。多くの受験者がこの代名動詞を正しく選択しましたが、nous *rencontrons* と現在形にした誤答が多く見うけられた一方で、nous *avons rencontré* のように代名動詞を適切な複合過去形にしていない誤答も少なくありませんでした。この設問の得点率は40%でした。

解答 (1) me doutais　(2) seraient rangés　(3) Oublie
(4) a été licencié　(5) nous sommes rencontrés

4 **解説** 長文に5つの空欄が設けられており、それぞれ3つの選択肢のなかから文章の流れに合うものを選ぶ問題です。各選択肢はどれを入れても文法的に正しいようにできていますので、空欄の前後だけを見て選ぼうとしてもうまくいきません。まずは文章全体の論理展開をよく理解しましょう。そのうえで、空欄の前後をよく読み、自然な流れとなる語句を選択肢のなかから選びます。

この問題の全体の得点率は例年よりも高く、79%でした。

それでは、各設問を見ていきましょう。

(1) まず第1文と第2文で、Champagne-sur-Seine 市が « Apprenons à nager »「泳ぎを習おう」という子ども向けの無料の水泳教室を開催して6年目になる、今年の夏もこの水泳教室が開かれる、という趣旨のことが述べられます。第3文では、「泳げることは、読み書きができるのといっしょで、必要不可欠なのです」という Mathilde の談話がまずあり、空欄1の前後は、「今夏の水死の件数（ 1 ）、Mathilde は主張する」と訳せます。選択肢を見ると、いずれも形容詞ないしは過去分詞ですから、主語 Mathilde の同格として、「どんな状態で」上の主張をしたのかを示す表現が入るわけですが、「どんな状態で」あれば、Mathilde の談話の内容と両立するでしょうか。つづく第4文には、7月末にはフランスですでに200人を超す水難事故による死亡者がいて、そのうち15人は Île-de-France 地方における水死者である、とありますから、「今夏の水死の件数」はかなり多いと言ってまちがいありません。したがって、選択肢の①「(水死の件数) にすっかり安心して」は Mathilde

の談話と矛盾をきたすことになりますし、③「(水死の件数) についてはやや疑わしくて」は意味をなしません。正解は②「(水死の件数) に強い衝撃を受けて」です。得点率は65%でした。

(2) 第1段落の最後の文で、Mathilde は7歳になる娘の Léa を市の水泳教室に行かせることにしたと述べられ、第2段落の第1文では、毎年 Champagne-sur-Seine 市の子ども180人がこの水泳教室を利用しているのだと記されます。つづいて空欄2をふくむ文がありますが、これは市の担当者の談話です。空欄2の前後は、「われわれは、こうして事故（　2　）つもりです。なぜなら Seine 川は遊泳禁止になってはいますが、危険があるからです」という意味になります。選択肢の①「(事故) に無関心でいる」、③「(事故) を利用する」は、いずれも意味をなしません。②「(事故) を最大限に避ける」が正解です。得点率は82%でした。

(3) 空欄3をふくむ第2段落の最終文は、市の担当者の談話のつづきです。「(　3　)、リスクを減らすのです」とあります。選択肢の②「この禁止にもかかわらず」も、③「われわれのあらゆる努力にもかかわらず」も、文脈には合いません。①「子どもたちがここで習うことによって」が正解です。得点率は76%でした。

(4) つづく第3段落の冒頭で、泳げないと、たとえプールであっても水に入るのをためらうものだ、と述べられます。つづいて Léa の談話の前半です。「はじめのころは深いほうのプールに行くのが怖かった。」そして空欄4をふくむ Léa の談話の後半があります。「でも今は水のなかを進んでいけることが（　4　）。」談話の前半は半過去形で語られ、後半は逆接の接続詞 mais と maintenant で始まりますから、「はじめのころ」と「今」を対比していることは明らかでしょう。選択肢の①「私にはまだむずかしい」、②「不安だ」のいずれでも、対比にはなりません。③の「楽しいと感じる」が正解です。得点率は95%でした。

(5) 最終段落の冒頭には、「Léa のように、いくらか練習すると、泳ぎの初心者たちはもっと余裕をもてるようになる」とあります。ce qui で始まり、空欄5をふくむ節は、前文を補足する関係代名詞節で、「そのことで、初心者たちは岸辺から遠ざかっても、（ 5 ）ことができる」と訳せるでしょう。選択肢の②「無謀でいる」、③「緊張している」は、いずれも文脈と矛盾します。正解は、①「恐怖心を抱かないでいる」です。しめくくりの「パニックこそが、たいてい水死を招くのです」という水泳指導員の談話からも、正解が確認できるでしょう。得点率は78％でした。

解答 (1) ② (2) ② (3) ① (4) ③ (5) ①

5 **解説** 対話形式の長文に5つの空欄が設けられており、それぞれに適合する文を7つの選択肢から選ぶ問題です。近年の傾向としては、ジャーナリストによるインタビュー形式の出題が多く、今回もそのような問題でした。インタビューの相手は、馬術の国内チャンピオンである女性Capucineです。

この問題にとりかかるにあたっては、対話文を読む前に、まず7つの選択肢にざっと目を通すのがよいでしょう。どのような質問があるのかをあらかじめ頭に入れてから、対話文を読み始めます。解答に際しては、応答の文意はもちろんですが、応答の形式に十分な注意をはらうことが大切です。ouiかnon、あるいはそれに近い表現であるか、または特定の情報（原因、時間、期間、場所など）をあたえるものであるかによって、選択肢をしぼり込むことができるでしょう。問題全体の得点率は例年並みの76％でした。

それでは、各設問をくわしく見ていきましょう。

(1) ジャーナリストが「あなたは馬術の国内チャンピオンですね」と述べてから出した質問に対して、Capucineは「ある日、両親が乗馬クラブに連れていってくれました」と応じ、「そこで、馬といると私が幸せであることに両親は気づきました」と付け加えています。空欄1に入るのは、Capucineが馬術と出会ったきっかけを尋ねる質問でしょう。⑥「何がきっかけで、このスポーツを始めたのですか」が正解です。得点率は85％でした。

(2) つづいてジャーナリストが発した質問に、Capucineは「いいえ」と応じていますから、ouiかnonで答える質問があったのだろうと考えられます。さらにCapucineは、「私はスポーツが好きではありませんでした」と付け加えていますから、スポーツ一般に対する彼女の関係を尋ねているのだろうと推測できます。質問としては、選択肢のうち④「当時あなたはスポーツ好きだったのですか」が最適です。得点率は72％でした。

(3) Capucine が「でも馬に乗ると、いつももっと速く走ろうとしていました」と述べたのにつづくジャーナリストの質問に、彼女は「いいえまったく、ほかの人たちが言っていることに私は影響を受けません」と返答しています。この返答における les autres が、「ほかの人たち」という意味になることに注意しましょう。すると質問として最適なのは、①「だれかの助言にしたがったのですか」でしょう。⑦「ほかのスポーツもしてみたいですか」を選んだ受験者も少なくありませんでしたが、「ほかの人たちが言っていることに私は影響を受けない」という応答とは齟齬が生じますので、不適切です。得点率は58％でした。

(4) ジャーナリストが「(馬術の世界は) まだかなりの男社会ですね」と述べたあとで発した質問に、Capucine は、「いいえ、私にとってはまったく問題になりません」と応じています。この応答にふさわしい質問は、②「このことを窮屈に感じますか」です。得点率は73％でした。

(5) Capucine は応答で、「多くの女の子は、どうやって私がここまで到達したのかを知りたがります。でも、単純に馬を愛しさえすれば、ここまで来られるものなのです」と述べています。この応答にふさわしい質問としては、⑤「馬術に熱中している女の子たちに何かおっしゃりたいことはありますか」以外に考えられません。得点率は94％でした。

解答　(1) ⑥　(2) ④　(3) ①　(4) ②　(5) ⑤

6　**解説**　長文の内容一致問題です。あたえられた7つの短文が問題文の内容に一致しているか否かを判断します。まずは問題文全体を通してよく読み、内容を十分に理解するよう努めましょう。そのうえで、短文に目を通していきましょう。そしてそれぞれの短文に関係する箇所を問題文中にさがし出して、ていねいに読みなおしながら正誤の判断をしましょう。2級の場合は、(1)から(7)の短文はだいたい問題文の流れに沿ってならべられています。ただし、問題文の複数の箇所を組み合わせて判断しないと答えられないものもありますので、注意しましょう。問題全体の得点率は例年より高く、85%でした。

それでは、短文をひとつひとつ見ていきましょう。

(1)　短文は、「Penelope Medemは、ひとりきりで浜辺を散歩していて、一枚の紙切れが入った瓶を見つけた」という内容です。本文冒頭の文に、「Penelope Medemは、友人たちとアルゼンチンの浜辺を散歩していて、なかば砂に埋まった瓶に気づいた」とありますので、短文の内容は本文と一致しません。得点率は96%でした。

(2)　短文は、「Penelopeは、紙切れにスペイン語で記された住所と日付を読み取ることができた」という内容です。本文の第1段落中盤の第3文に「文書には何か文章が書かれていた」とあり、つづく第4文で「それ（＝文章）は消えかかっていたが、それでも彼女はスペイン語で書かれた住所と日付を読み取ることができた」と明記されています。したがって、短文の内容は本文に一致します。得点率は95%でした。

(3)　短文は、「長時間にわたって調べた結果Penelopeにわかったのは、瓶は19世紀末に海に投げ入れられたということだった」と訳せます。本文第1段落の第5文で、「長時間にわたってインターネットで検索したところ、Penelopeにわかったのは、この瓶が1899年5月10日に海に投げ入れられたということだった」と述べられていますから、短文の内容は本文に一致します。得点率は91%でした。

(4)　短文は、「Medem家は、海に投げ入れられた瓶について研究を進めている専門家たちに連絡した」という意味になります。本文第2段落の第1文には、「Medem家は、図書館で研究を続けてきた、海に投げ入れられた瓶の専門家たちと連絡を取った」とあります。se mettre en relation avec qqnが「～（人）と連絡を取る、交際する」という意味の成句であり、contacterと同義ですので、短文は本文の内容と一致します。得点率は83%でした。

(5)　短文は、「数千の投瓶が世界中で流されたなかから、539件のメッセージが見つかっている」という内容です。本文第2段落の第2文に、「1881年から1930年にかけて、あるスペインの科学機関の指示で、メッセージの入った数千の瓶が世界中で流された」とあり、つづく第3文では「539件のメッセージが見つかっている」と記されていますので、短文の内容は本文に一致します。得点率は69%でした。

(6) 短文は、「瓶がアルゼンチンに漂着するのに100年を超す時間がかかった」という内容です。本文第2段落の最後の文には、「瓶は10353キロメートルの距離を渡って大西洋を横断したあとで浜辺に漂着し、それから100年を超す期間、砂に埋もれたままだった」とありますから、短文は本文の内容に一致しません。得点率は75%でした。

(7) 短文は、「瓶とそのメッセージは、まもなくスペインの博物館に展示される予定である」という内容です。本文の最後で、「今、瓶とそのメッセージは、スペインのCadixの博物館に展示されている」と述べられています。つまり、現在すでに展示がおこなわれているわけです。したがって、短文の内容は本文に一致しません。得点率は83%でした。

解答 (1) ② (2) ① (3) ① (4) ① (5) ① (6) ②
(7) ②

7 **解説** 対話文に設けられた5つの空欄について、それぞれ4つの選択肢から適切なものを1つ選ぶ問題です。筆記試験5も対話文の空欄補充問題ですが、質問文のみを尋ねるものでした。こちらの7では、やりとりのなかの文や文の一部が問われます。対話は日常的な口語体のもので、問われる表現も日常生活でよく使われる短めの慣用表現が多くなっています。この問題に対処するためには、ふだんからフランス語の授業やさまざまなメディアをとおして日常会話にふれる機会を積極的につくり、フランス語らしい応答の仕方に注意するようにしましょう。また、この問題で問われる表現はある程度きまっているので、過去問によく目を通しておくのも有効です。

今回、この問題全体の得点率は例年より高く、78%でした。

それでは、各設問をくわしく見ていきましょう。

(1) 「みんなといっしょに昼食に行かないか？」と誘うNathanに、Thomas

は空欄1に入る表現で応じ、「きょうはひとりで食べたいんだ」と説明しています。この説明にうまくつながる表現を選択肢からさがします。①「もちろん」、②「ぼくも」、④「いや、あんまり」はいずれも不適切で、③「いや、遠慮するよ」が正解です。得点率は93%でした。

(2) いったいどうしたのかと尋ねるNathanに、「ただ、落ちついて食べたいだけなんだ」とThomasは答えます。この応答に、Nathanは空欄2に入る表現で切り返します。空欄の前後は、「でも、（　2　）！　何人かで食事をするほうがずっといいよ」と訳せるでしょう。①「ちょうどいい」、②「これでいい」、③「仕方ない」では会話の流れに合いません。正解は、④「寂しいじゃないか」が正解です。得点率は86%でした。

(3) 「何人かで食事をするほうがずっといい」と言うNathanにThomasが応答する表現が、空欄3に入ります。そのあとThomasは、逆接の接続詞maisで始めて、「でも、同僚といっしょに食事をしたくない日もあるさ」と、ことばを継いでいますので、空欄3には、いったんNathanに譲歩する表現が入るのだろうと推測できます。①「かまわない」、②「そいつはこれからのお楽しみだ」、③「残念だ」は、いずれも譲歩になっていないばかりか、文脈からはずれています。文脈にぴったりはまる表現は、④「たぶん君の言うとおりだ」です。得点率は72%でした。

(4) 同僚と昼食をとることにこだわるNathanの説明が、空欄4をふくむ文です。空欄の前後は、「ぼくとしては、（　4　）、同僚と昼食をとるといつも何か安心するんだな」とでも訳せるでしょう。①「突然」、②「正確に」、③「残念ながら」は、いずれも文脈から大きくはずれています。正解は、④「個人的に」です。得点率は63%でした。

(5) Nathanは、同僚と食事をすると何か安心するのは、つまり自分が集団の一員だと感じられるからだ、と主張しますが、この主張に対するThomasの反応が空欄5に入ります。つづけてThomasは、「でも、たまにはひとりで食べる楽しみも理解してくれなくちゃね」と述べて結局は譲らないわけですが、逆接の接続詞maisを置いていることから、直前の空欄5には、空欄3と同様に、相手への譲歩を示す表現が入るのだろうと考えられます。①「なかなか厄介な話だ」、③「そういう事情だ」、④「どういたしまして」は、いずれも不適切です。正解は、②「わかるよ」です。得点率は78%でした。

解答　(1) ③　(2) ④　(3) ④　(4) ④　(5) ②

書き取り・聞き取り試験

解説・解答

書き取り試験

解説 書き取りは、単に「音」の聞き取り能力をためすためだけの試験ではありません。さまざまな要素から、「音」としては聞こえていない部分もくみ取って適切なフランス語の文を組み立てるという、総合的なフランス語の能力をはかる試験です。もちろん、読まれた音を正しく聞き取る能力と、聞こえてきた単語を知っているという単語力は必須です。そのうえで、単語を知っているだけでなく、正確なつづりで書くことができなければなりません。フランス語では、ひとつの単語のように聞こえる音がエリジョンやリエゾンによって結びついたふたつの単語であることもしばしばです。日ごろから教材の CD を聞いたり音読練習をしたりして、つづりと発音の関係に注意をおこたらないようにしましょう。ただし、気をつけるべきことはそれだけではありません。フランス語には、動詞の活用や過去分詞、形容詞などで、発音は同じでも形が変わるものが多々あります。動詞を正しく活用するには、主語の人称にくわえ、その文章の文脈でどのような叙法が要求されているのかを理解する必要があります。形容詞や受動態および複合時制の文における過去分詞に関しては、それぞれがどの名詞・代名詞と結びついているのかが把握できなければ性数一致はおこなえません。複合時制で直接目的語が前に出ている場合の過去分詞の性数一致も注意すべき重要なポイントです。直接目的語は代名詞でうけている場合も多いので、代名詞が何を指しているのかはつねに確認しておく必要があります。こういった統語上の知識を身につけておくことが、結局は、書き取りでもおおいに役立つことになります。

　こうした統語上の問題は、文章全体の展開を前もって把握しておくと、はるかに判断しやすいものとなります。試験では、問題文は全部で 4 回読まれます。問題文がふつうのスピードで読まれる 1 回目と 2 回目はキーワードをメモする程度におさえ、文章全体の流れを理解することに努めましょう。この段階で最初から書き取ろうとすると、書いている間に問題文を聞き逃がしてしまうおそれがあります。3 回目には、句読点もふくめてゆっくり読み上げられます。このときに1語1語しっかり書き取ってください。最後に、もう1回ふつうのスピードで読まれます。このときは自分が書き取った文章にまちがいがないか、語末などの細部にもよく耳を澄ませてください。そのあと3分間時間があたえられます。この時間に自分の書き取った文章を読みなおし、「音」だけでは判断できない事項、つまり前述の統語上の諸事項について隅々までチェックするようにしましょう。文意に沿った叙法が選択できているかどうか、従属節のなかは適切な叙法になっているかどうか、受動態および複合時制の過去分詞や形容詞は主語の人称や直接目的語に合った性数一致ができているかどうか、などのチェックによって、自分の書き取った文章が文法的な誤りのない適切なフランス語であることを確認しておきましょう。

例年、全体として気になるのは、基本的な単語のつづりが正確に書けていないということです。書く練習をせずにつづりがあやふやなまま単語を覚えている受験者が多いことを実感します。単語として存在しないつづりを耳に頼って書き取ったものも多く見られます。また過去分詞などの性数一致ができておらず、統語上の理解が十分でない受験者が多いことがわかります。そしてアクサン記号をあいまいに記した答案がめだちます。採点者にきちんとわかってもらえるように、その傾斜の向きや形は明瞭に書きましょう。

今回の書き取り試験の得点率は32%で、例年よりかなり低い数値になりました。

それでは、1文ずつ順を追って見ていきましょう。

第1文は直説法現在を用いた単純な構文になっています。内容も、私の祖父母は田舎で多くの動物を育てている、と述べているだけです。ただし、主語、動詞、直接目的語のいずれも複数形になっており、各品詞の複数形を正確につづる必要があります。まず、動詞 élever の直説法現在、三人称複数の活用形 élèvent では、*élevent*、*elèvent*、*élévent*、*elevent* のように、アクサン記号の付け忘れや付けまちがいが多く見うけられました。また、*élève* と、三人称単数の活用形を記した誤答もありました。直接目的語の de nombreux animaux の箇所のリエゾンを正確に把握できていた答案も、多くありませんでした。形容詞を女性単数形にして de *nombreuse* animaux と記したり、品詞をとりちがえて de *nombre des* animaux とした誤答がめだち、de *nombreaux* animaux のようなつづりのまちがいも散見しました。

第2文は、aux lapins と des feuilles de salade の間、それから aux chevaux

と des carottes の間で ils donnent が省略されていることを、音声から把握できたでしょうか。ここでもまた、複数形に置かれた名詞を正しく聞き取り、それを正確につづることが要求されます。とりわけ「雌鶏」という意味の poules を把握するのはむずかしかったようで、*plus*、*pour*、*pull* など別の単語ととりちがえた誤答が続出したほかに、単数形の *poule* にした誤答も多く見うけられました。「葉」という意味の feuilles についても、単語をとりちがえて *fruits* にしたり、単数形の *feuille* にしたりといったように、ミスが少なくありませんでした。また、うまく聞き取れなかったのか、ここを空白にした答案もめだちました。

第3文も直説法現在の単純な構文ですが、まずリエゾンのある Ils ont aussi の箇所を確実に聞き取っておかないと、文意を正しく理解することはできません。ここを Ils *sont* aussi とした答案が少なからず見うけられました。さらには、三人称複数の主語人称代名詞の s を落して *Il sont* aussi としたり、文頭の大文字を忘れて *ils* ont aussi としたりといったように、単純なミスも散見しました。un troupeau de vaches は「雌牛の群れ」という意味ですから、vaches は複数形に置かなければなりませんが、ここを単数形の *vache* にした誤答が続出しました。

第4文では、2つの動詞がともに複合過去形に置かれています。とくに注意すべきは、je suis allée の箇所でしょう。話者の Martine は女性ですから、過去分詞には当然 e を付けなければなりません。ところが、ここを je suis *allé* とした答案が少なくありませんでした。それから、文末の veau「子牛」を聞き取るのはむずかしかったでしょうか。ここを *beau* とした誤答が多く見うけられました。[b] と [v] のちがいは確実に聞き分けられるようにし、実際に発音するときにもよく注意をはらいましょう。

第5文は、きわめて単純な構文です。ただし、主語人称代名詞が何をうけているのかをきちんと把握しておかないと、文意の理解はおぼつきません。Il は前文の un petit veau をうけていますが、問題文の前半に引きつづいて mes grands-parents をうけていると誤解した受験者もいたようで、三人称複数にして *Ils dormaient*、*Ils dorment* と書いた誤答が見られました。代名詞を正しくとらえているのに、Il *dorme* と現在形にした誤答も散見しました。mignon の箇所でも、複数形にした *mignons* のほかに、*mignion*、*minion* などのつづりのまちがいが見うけられました。

第6文では、3つの代名動詞がどれも複合過去形に置かれていますから、主語と過去分詞の性数一致には細心の注意をはらう必要があります。assise の箇所は、女性形であることが音からも容易に理解できるはずですが、男性形の *assis* とした受験者が散見したのは、よほど不注意だったせいでしょうか。あるいは、ここを空白にした答案も少なくなかったところを見ると、聞き取りが不十分だったせいかもしれません。つづく près de の箇所は、多くの受験者が正しく書き取っていましたが、なかには *prés* de、*pres* de のようにアクサン記号の付けまちがいや付け忘れも見うけられました。pour le caresser の箇所は、耳で聞いて理解できた受験者が少なかったらしく、空白にした答案がめだちました。たとえ音は聞き取れても、*carresser* や *carreser* のようにつづりのミスをおかしたり、*caressé* や *caresse* のように品詞をとりちがえたりした受験者もありました。最後の il s'est enfui の箇所でもまた、空白になっている、もしくは不完全な答案が続出し、文意を理解したうえで正しく書き取った答案はごくわずかでした。せっかく聞き取れてはいても、il s'est *enfuit* と過去分詞によぶんな t を付けた誤答が少なからず見うけられたのは残念です。

解答　（読まれる文） À la campagne, mes grands-parents élèvent de nombreux animaux. Aux poules, ils donnent des grains de blé, aux lapins des feuilles de salade, aux chevaux des carottes. Ils ont aussi un troupeau de vaches. Ce printemps, je suis allée chez eux et j'ai vu un petit veau. Il dormait, il était mignon. Je me suis assise près de lui pour le caresser mais il s'est réveillé et il s'est enfui.

聞き取り試験

1

（読まれるテキスト）

Le journaliste : Vous avez quitté votre emploi dans une maison de commerce pour devenir pianiste. Pourquoi ce choix ?

Béatrice : J'ai toujours aimé la musique. À 17 ans, je désirais en faire mon métier. Mais mes parents m'ont conseillé de suivre une voie plus sûre.

Le journaliste : Pourtant, aujourd'hui, vous êtes pianiste.

Béatrice : Il y a quatre ans, je me suis fait opérer du cœur. C'est à ce moment-là que j'ai décidé de changer de métier et de réaliser mon rêve de jeunesse.

Le journaliste : Comment s'est passé le retour au piano ?

Béatrice : Facilement. Pendant trois mois, j'ai travaillé des classiques.

Le journaliste : Votre expérience dans le monde du commerce vous a été utile ?

Béatrice : Ça m'a permis de comprendre l'importance de l'Internet. J'y ai mis des vidéos dans lesquelles je joue mes propres œuvres.

Le journaliste : Et ensuite, tout s'est bien passé ?

Béatrice : Oui. Une chanteuse canadienne m'a commandé des morceaux. Et grâce à elle, je me suis mise à jouer sur scène.

（読まれる質問）

un : Quel était le projet de Béatrice quand elle avait 17 ans ?

deux : Qu'est-ce que les parents de Béatrice lui ont conseillé ?

trois : Quand est-ce que Béatrice a décidé de changer de métier ?

quatre : Comment Béatrice a-t-elle utilisé l'Internet ?

cinq : Qui a commandé des morceaux à Béatrice ?

解説 対話を聞いたあと、それについての5つの質問を聞き、それに対する答えを完成させる問題です。あらかじめ問題冊子に印刷されている答えの文を読んでおくと、聞き取るべきポイントをある程度予測することができるでしょう。

対話は全部で3回読まれます。1回目に読まれる際には、全体の流れを把握することに努めましょう。次に質問が読まれますので、質問の内容をよく把握し、2回目に対話を聞くときにはポイントをおさえながら聞きましょう。

2回目に質問が読まれる際には、それぞれの質問文の間にポーズがおかれますので、その間に空欄をうめてください。2級では本文で用いられた単語をそのまま書けば答えになる場合が大半ですので、落ちついて聞きましょう。ただし、構文がことなるために、本文とは活用形などを変えなければならない場合もあります。どのような形に単語を変えれば同じ内容になるかを考えましょう。

3回目に対話が読まれる際には、自分が記入した答えが対話の内容に即しているかどうか、質問の形式に合っているか、聞きながら念入りにチェックしてください。そのうえで、十分に見なおして、自分の答えが正しくつづられているかどうか、性数一致や動詞の活用形などに文法上の誤りがないかどうかを確認してください。

今回、この問題全体の得点率は例年よりかなり低く、26%でした。

読まれるテキストは、商社員をやめてピアニストに転身したBéatriceへのインタビューです。それでは、各設問をくわしく見ていきましょう。

(1) 第1の質問は、「Béatriceは17歳のとき、自分の将来をどう考えていましたか」という意味ですが、これはジャーナリストの最初の質問へのBéatriceの返答内容に対応します。Béatriceは、「私はずっと音楽が好きでした」と言ってから、「17歳のときには、それを自分の仕事にしたいと思っていました」と付け加えています。ここでは、faire A de B「BをAにする」という動詞表現が使われています。Béatriceの返答にあるen faire mon métierのenは、前文のla musiqueをうける（そして前置詞deをふくむ）中性代名詞ですから、元の形にもどすと、faire de la musique mon métier「音楽を自分の仕事にする」ということになります。したがって、問題冊子の1つ目の空欄にはfaire、2つ目の空欄にはmusiqueが入ります。中性代名詞をとらえそこなった受験者が多かったためか、2つの空欄とも無回答がめだち、*pianiste* を書き入れた誤答も少なくありませんでした。得点率はそれぞれ33%、25%でした。

(**2**) 第2の質問「Béatriceの両親は彼女にどういう助言をしましたか」は、17歳のときには音楽を自分の仕事にしたいと思っていたというBéatriceが、つづけて語っていることに対応します。「でも両親に、もっと堅実な道に進むようすすめられました」と述べていますから、問題冊子の1つ目の空欄にはvoie「道」、2つ目の空欄にはsûre「堅実な」が入ります。sûreはアクサン記号なしでsureとつづってもかまいませんし、かわりにassuréeかcertaineを入れてもよいでしょう。voieという単語を思いつかなかったためか、1つ目の空欄については無回答がめだちました。また同音異義の *voix*、*vois* や、*fois* といった誤答も少なからず見うけられました。sûreは女性形にするべきところ（voieに先立つ不定冠詞uneが印刷されていますからわかります)、男性形の *sûr* にした誤答が多く見られたほか、*sur* とした誤答もありました。得点率はそれぞれ8%、16%でした。

(**3**) 第3の質問は、「Béatriceはいつ、仕事を変えようときめましたか」ということです。これは、ジャーナリストが「でもあなたは今、ピアニストですね」とコメントしたのにつづくBéatriceの応答に対応します。彼女は「4年前、私は心臓の手術を受けました。仕事を変えて若いころの夢を実現させようときめたのは、そのときです」と言っています。ここでの動詞opérer「手術する」の用法を確認しておきましょう。『ラルースやさしい仏仏辞典Niveau 1』のopérerの項をひくと、まずopérer qqn (de qqch)「〜（人）の（…を）手術する」という形が紹介され、« Son grand-père ne pouvait plus marcher, mais depuis qu'on l'a opéré de la jambe, ça va beaucoup mieux. »「彼の祖父は歩けなくなっていたが、脚の手術を受けてからというもの、はるかによくなっている」という用例が載っています。次にse faire opérer「手術を受ける」という形もあげられ、« Oui, elle souffre de plus en plus ; il va sans doute falloir qu'elle se fasse opérer. »「はい、彼女の痛みはだんだん増しています。おそらく彼女は手術を受ける必要があるでしょう」という例文が記載されています。Béatriceのせりふでは後者の形が、問題冊子に印刷された文では前者の形が使われています。したがって、問題冊子の1つ目の空欄には過去分詞形のopéréeを入れます。このとき、直接目的語人称代名詞

l'はBéatriceをうけていますから、性数一致で過去分詞が女性形になることに留意してください。この点にまで注意がおよんで正解を書き入れた答案はごくわずかで、得点率は1%でした。無回答がめだち、誤答としては男性形の*opéré*や、*fait*、*perdu*などが見うけられました。2つ目の空欄にはcœur「心臓」が入ります。誤答としては、*cours*や*cour*などの単語のとりちがえがもっとも多く、無回答も目につきました。こちらの得点率は29%でした。

(4)　第4の質問は、「Béatriceはインターネットをどのように利用しましたか」という意味になります。これは、「商取引の世界での経験はあなたの役に立ちましたか」と尋ねるジャーナリストの第4の質問への、Béatriceの返答内容に対応します。彼女は、「おかげでインターネットの重要性がわかりました。自分自身の曲を自分で演奏している動画をネットに投稿しました」と答えています。問題冊子の空欄には、「投稿する、アップロードする」という意味で使われる動詞mettreの過去分詞misが入りますが、ほぼ同義のdiffusé、posté、publiéでもかまいません。*proposé*とした答案もありましたが、意味がちがってきますので誤答です。ほかに名詞の*vidéo*、形容詞の*propres*を書き入れた誤答も見うけられました。得点率は20%でした。

(5)　第5の質問は、「だれがBéatriceに楽曲を注文しましたか」となっています。これは、「それからは、すべて順調でしたか」と尋ねるジャーナリストの最後の質問に対する、Béatriceの返答に対応します。彼女は、「はい、カナダ人の女性歌手が私に楽曲を注文してくれました」と述べています。したがって、問題冊子の空欄にはchanteuse「女性歌手」が入ります。*chanteurse*、*chanteure*といったつづりのまちがいや、男性形の*chanteur*にした誤答が見られました。得点率は74%でした。

解答　(1) (faire) (musique)　(2) (voie) (sûre)　(3) (opérée) (cœur)
(4) (mis)　(5) (chanteuse)

2

（読まれるテキスト）

Je suis né à Lyon. Quand j'étais petit, je voulais devenir médecin comme mon père. Mais, un été, j'ai aidé mon oncle. Il était boulanger dans le centre de Lyon. J'avais 16 ans, alors. J'ai voulu continuer à travailler chez lui en l'aidant. Heureusement, mes parents et lui ont accepté ma décision. C'est comme ça que j'ai appris tout ce qu'il fallait pour cette profession.

À 25 ans, je me suis marié. Je travaillais toujours chez mon oncle. Mais ma femme voulait habiter dans le petit village où elle est née. Finalement, je me suis décidé à déménager, parce que c'était une bonne occasion pour avoir une boutique à moi. Depuis, je travaille dans cette boulangerie et je suis patron.

Avoir sa propre boulangerie, c'est tout à fait différent comme expérience et il y a bien sûr pas mal de difficultés. Mais je suis content, parce que j'aime toujours ce que je fais. Et maintenant ce village me plaît aussi. J'essaie régulièrement de nouvelles recettes. Faire découvrir de nouveaux produits à mes clients est un véritable plaisir.

（読まれる内容について述べた文）

un : Le métier de boulanger attirait Clément depuis toujours.

deux : Clément avait 16 ans quand il a aidé son oncle.

trois : C'est le père de Clément qui lui a appris tout ce qu'il fallait pour devenir boulanger.

quatre : Clément travaillait à Lyon quand il s'est marié.

cinq : La femme de Clément voulait rester à Lyon.

six : Clément avait sa propre boulangerie avant son mariage.

sept : Clément n'a jamais rencontré de difficultés dans son travail actuel.

huit : Clément veut maintenant quitter le village.

neuf : Clément essaie de faire diverses sortes de pain.

dix : Pour Clément, c'est un plaisir de faire découvrir de nouveaux produits.

解説 ある程度の長さの文章を聞いたあと、その内容について述べた10の短文を聞き、それぞれについて正誤を判断する問題です。最初に問題文が2回読まれます。1回目は、どんな人が語っているのか、いつ、だれが、どこで、何をしたのか、といったことに気をつけながら、全体を理解するよう努めましょう。2回目は、ポイントになりそうな場所、時間、数字などをメモしながら聞くとよいでしょう。つづいて10の短文が読まれます。それぞれについて、記憶とメモを頼りに正誤を判断してください。10の短文がもう1回読まれます。聞きまちがいがないかをチェックし、あやふやなものはこのときに確認してください。最後に、問題文がもう1回読まれます。10の短文で問題となっているポイントに注意しながらあらためてよく聞き、正誤を最終確認してください。

今回、この問題の全体の得点率は例年より高く、79%でした。

Clémentという男性が、パン職人になって小さな村でパン屋を開業するにいたった経緯を語っています。10の短文をそれぞれくわしく見ていきましょう。

(1) 短文は、「パン屋の仕事はずっと前からClémentを引き付けていた」という意味です。読まれるテキストの第1段落第2文では、「小さいころは、父のように医者になりたいと思っていた」と述べられていますから、パン屋の仕事はずっと前からClémentを引き付けていたわけではありません。したがって、短文はテキストの内容に一致しません。得点率は72%でした。

(2)　短文は、「Clémentは16歳のとき、おじの手伝いをした」という内容です。テキストの第1段落第3文から第5文にかけて、「ある夏、私はおじの手伝いをした。おじはリヨンの中心街でパン屋をやっていた。そのとき私は16歳だった」とありますから、短文はテキストの内容に一致します。得点率は89%でした。

(3)　短文は、「パン屋になるのに必要なことのすべてをClémentに教えたのは、Clémentの父である」という内容です。テキストの第1段落第6文から第8文にかけて、「私はおじの手伝いをしながら、おじの店で働きつづけようと思った。さいわいにも、両親とおじは私の決心を受け入れてくれた。こんなふうにして、私はこの職に必要なことのすべてを学んだ」と述べられていますので、短文はテキストの内容に一致しません。得点率は60%でした。

(4)　短文は、「Clémentは結婚したとき、リヨンで働いていた」という意味です。テキストの第2段落第1文と第2文に、「25歳のとき、私は結婚した。私はあいかわらずおじの店で働いていた」とありますから、短文はテキストの内容に一致します。得点率は81%でした。

(5)　短文は、「Clémentの妻はリヨンに留まりたがっていた」という意味です。テキストの第2段落第3文には、「妻は自分が生まれた小さな村に住みたがっていた」とありますから、短文はテキストの内容に一致しません。得点率は88%でした。

(6)　短文は、「Clémentは、結婚前には自分のパン屋をもっていた」という内容です。テキスト第2段落の冒頭で確認できたように、Clémentは結婚したときにはおじの店で働いていました。くわえて、第2段落第4文で、「私は引越すことにきめた、なぜなら自分の店をもつのにいい機会だったからだ」と述べられていますので、短文はテキストの内容に一致しません。得点率は71%でした。

(7)　短文は、「Clémentは現在の仕事のなかで、一度も困難に直面したことがない」という意味です。テキストの第3段落第1文には、「自分のパン屋をもつことはまったくちがう経験だ、そしてもちろんたくさんの困難がある」とあります。pas mal de ...「たくさんの～、かなりの～」という日常的によく使われる言い回しに注意しましょう。短文は、テキストとは逆のことを述べていますので、その内容とは一致しません。得点率は78%でした。

(8)　短文は、「Clémentは、今や村を離れたがっている」という意味です。テキストの第3段落第3文で、「そして今や私はこの村が気に入ってもいる」と述べられていますから、短文はテキストの内容に一致しません。得点率は78%でした。

(9)　短文は、「Clémentは、いろいろな種類のパンを作ろうとしている」という内容です。テキストの第3段落第4文には、「私は定期的に新しいレシピをためしている」とありますので、短文はテキストの内容に一致します。得点率は75%でした。

(10)　短文は、「Clémentにとって、新商品をお披露目することは喜びだ」という意味です。テキストの最後の文には、「お客さんに新商品をお披露目することは、まことの喜びだ」と述べられていますので、短文はテキストの内容に一致します。得点率は97%でした。

解答　(1) ②　(2) ①　(3) ②　(4) ①　(5) ②　(6) ②
(7) ②　(8) ②　(9) ①　(10) ①

1次試験配点表

筆記試験	1	2	3	4	5	6	7	小計	書き取り	小計	聞き取り	1	2	小計	合計
	4点	10	10	10	10	14	10	68		14		8	10	18	100

2 次 試 験

解 説

面接試験は、フランス語のネイティブスピーカーと日本人の面接委員が1組になっておこないます。試験時間は約5分です。明るく Bonjour ! とあいさつしながら入室しましょう。面接委員が受験者の名前を確認したあと、あらかじめ用意された質問のなかから受験者に適当と思われるものを選んで質問します。それを糸口にして会話が始まります。

面接試験では、日常生活と関連のある話題について、基本的なフランス語表現を使ってコミュニケーションをすることができるかどうかが問われます。したがって、リラックスして会話を楽しもうという姿勢がなによりも大切です。どんな質問をされても、日本語で会話をするときと同じように、自分の答えやすい形で答え、さらに、自分の話したいことを付け加えていけば、面接委員との間に自然な会話が進んでいきます。

質問がよく聞き取れなかったり、質問の意味がよくわからなかったりした場合も、あわてることはありません。率直に、Je ne comprends pas très bien votre question. Vous pouvez répéter, s'il vous plaît ? などと伝えましょう。そうすれば、面接委員は、同じ質問をゆっくりと繰り返したり、わかりやすく言いかえたりしてくれるはずです。

質問に答える際には、問われた部分に単語1語だけで答えるのは避けるべきです。今回出題された質問を例にとれば、Regardez-vous souvent la télévision ? と質問されて、Oui. または Non. とだけ答えてそれで終わりにしないことです。答えが Oui. であるならば、わざわざ質問されなくても、どんな番組を見るのか自発的に付け加えましょう。たとえばテレビでスポーツ番組をよく見るとすれば、好きなスポーツの種目について話を発展させることもできるでしょう。テレビをめったに見ない場合でも、Non. と答えただけで黙ってしまえば会話は先に進みません。テレビのかわりにインターネットで動画やニュースサイトを見るとか、ゲームをするとか、音楽を聴くとか、本を読むなどと付け加えるだけで、余暇の過ごし方や趣味などに話題を転換するきっかけになります。

質問そのものには、正解も不正解もありません。あくまで会話を始めるきっかけにすぎないのです。面接委員は、この質問を出発点にして、受験者がどれだけ充実した会話をつづける能力をもっているのかを見きわめようとしています。ゆっくりでいいですから、ていねいに文を組み立てながら、できるだけ積極的に自分のことを面接委員に伝えることが、スムーズな会話の流れにつながります。そして、試験時間が終了して退出するときには、Au revoir, bonne journée ! などとあいさつをして退出しましょう。

面接試験の対策としては、まずはできるだけフランス語を聞く機会をふやすことです。教材 CD だけでなく、インターネットや衛星放送、映画など、さまざまなメディアを学習環境や好みに合わせて活用し、日常的にフランス語の音声にふれて耳を慣らすように心がけましょう。

会話の練習のためにフランス語のネイティブスピーカーと話す機会があまりなくても、どんな形でもいいですから、ある程度の長さのフランス語を声に出して発音することを心がけてみてください。録音されたテキストを聞きながら、できるだけ遅れないでいっしょに発音してみてもよいでしょう。録音された音声のイントネーションや息づかいに合わせられるまで何度も繰り返して発声しているうちに、少しずつフランス語を「話す」ことに体が慣れていくはずです。話す訓練は、実際に声に出してみないことには始まりません。同じようにフランス語を学ぶ仲間がいれば、おたがいに日本語話者であってもフランス語での会話に挑戦してみてはどうでしょうか。

2019年度秋季
実用フランス語技能検定試験
筆記試験問題冊子 〈2 級〉

問題冊子は試験開始の合図があるまで開いてはいけません。

筆　記　試　験		10 時 00 分 ～ 11 時 30 分 (休憩 20 分)
書き取り 聞き取り	試験	11 時 50 分から約 35 分間

◇**筆記試験と書き取り・聞き取り試験の双方を受験しないと欠席になります。**

◇問題冊子は表紙を含め 12 ページ、全部で 7 問題です。

注　意　事　項

1　途中退出はいっさい認めません。

2　筆記用具は **HB または B の黒鉛筆** (シャープペンシルも可) を用いてください。ボールペンや万年筆等でマークした解答は機械による読み取りの対象とならないため、採点されません。

3　解答用紙の所定欄に、**受験番号**と**カナ氏名**が印刷されていますから、まちがいがないか、**確認**してください。

4　**マーク式の解答は、解答用紙の解答欄にマークしてください。**たとえば、1 の (1) に対して ③ と解答する場合は、次の例のように解答欄の ③ にマークしてください。

例

1	解答番号	解　答　欄
	(1)	① ② ● ④ ⑤ ⑥ ⑦ ⑧

5　記述式の解答の場合、正しく判読できない文字で書かれたものは採点の対象となりません。

6　解答に関係のないことを書いた答案は無効にすることがあります。

7　解答用紙を折り曲げたり、破ったり、汚したりしないように注意してください。

8　問題内容に関する質問はいっさい受けつけません。

9　不正行為者はただちに退場、それ以降および来季以後の受験資格を失うことになります。

10　**携帯電話等の電子機器の電源はかならず切って、かばん等にしまってください。**通信機能のある時計は使用を禁じます。

11　**時計のアラームは使用しないでください。**

12　この試験問題の複製 (コピー) を禁じます。また、この試験問題の一部または全部を当協会の許可なく他に伝えたり、漏えいしたりすることを禁じます (インターネットや携帯サイト等に掲載することも含みます)。

1

次の (1) ～ (4) の (　　) 内に入れるのにもっとも適切なものを、下の ① ～ ⑧ のなかから 1 つずつ選び、解答欄のその番号にマークしてください。ただし、同じものを複数回用いることはできません。(配点　4)

(1) Cet appareil est encore (　　) garantie.

(2) La voiture s'est dirigée (　　) le lac à toute vitesse.

(3) Matthieu devait quitter la soirée. Il est sorti de la salle (　　) regret.

(4) Tous les amis de David ont assisté (　　) silence à son enterrement.

① à	② après	③ avant	④ de
⑤ en	⑥ par	⑦ sous	⑧ vers

(解説・解答 ▶ p.84)

2

次のフランス語の文 (1) ～ (5) が、それぞれあたえられた日本語の文が表わす意味になるように、(　　) 内に入れるのにもっとも適切な語 (各 1 語) を解答欄に書いてください。(配点　10)

(1) Ce chat était pour (　　) dire mon frère.
その猫は私の弟のようなものだった。

(2) La situation est sans (　　).
状況はゆきづまっている。

(3) Le chant des oiseaux m'a donné (　　) de sortir tôt ce matin.
鳥の声を聞いてけさは早く出かけたくなった。

(4) Moins (　　)! Elle dort.
うるさいぞ！ 彼女、寝てるんだよ。

(5) On fait le (　　) du dimanche 5 au mardi 7.
5 日の日曜日から 7 日の火曜日まで連休です。

(解説・解答 ▶ p.85)

3　次の (1) ～ (5) について、**A**、**B** がほぼ同じ意味になるように、(　　) 内に入れるのにもっとも適切なものを、下の語群から1つずつ選び、必要な形にして解答欄に書いてください。ただし、同じものを複数回用いることはできません。(配点　10)

(1) **A** Comment peux-tu supporter un tel bruit ?
B À ta place, je ne (　　) pas un tel bruit.

(2) **A** Il ne mettra pas longtemps à venir.
B Il ne (　　) pas attendre.

(3) **A** Il savait toujours tirer parti des occasions.
B Il (　　) toujours des occasions.

(4) **A** On a débarrassé le chemin.
B Tous les obstacles (　　) du chemin.

(5) **A** On dit qu'elle se mariera avec mon patron.
B Il (　　) qu'elle se mariera avec mon patron.

devoir	enlever	paraître	profiter
se déranger	se faire	tolérer	vouloir

(解説・解答 ▶ p.87)

4 次の文章を読み、(1) ～ (5) に入れるのにもっとも適切なものを、それぞれ右のページの ① ～ ③ のなかから 1 つずつ選び、解答欄のその番号にマークしてください。(配点 10)

Cette année encore, l'opération « Lire sur l'herbe » aura lieu pendant les vacances. Tous les mardis du mois d'août, les livres de la Bibliothèque de Châteauneuf (1) et on les emportera au Parc Perrin. C'est Janine Murat, chef de l'association* « Lecture en plein air », qui organise cette opération. Elle veut inviter les enfants à (2) de la lecture vivante.

Avec une caisse ou un sac de livres en tous genres, une bibliothécaire et deux comédiens proposeront aux participants de leur lire des livres (3). À travers cet événement, Janine Murat veut que tous s'intéressent davantage à la lecture. Elle (4) que les parents puissent partager cette activité avec leurs enfants. « Lire des histoires crée un lien fort avec le parent et donne à l'enfant un espace de liberté où il peut rêver. Les histoires (5) le développement de la curiosité, du langage, du vocabulaire et de l'imagination », précise-t-elle.

* association : 協会

(1) ① quitteront les salles de lecture
② seront tous proprement rangés
③ traîneront en désordre

(2) ① connaître l'histoire
② découvrir les plaisirs
③ supporter les difficultés

(3) ① à leurs domiciles
② à l'ombre d'un grand arbre
③ dans la salle de lecture

(4) ① craint profondément
② défend absolument
③ souhaite avant tout

(5) ① concernent à peine
② dérangent plus ou moins
③ sont essentielles pour

(解説・解答 ▶ p.90)

5　次の文章は、Josiane に対するインタビューの一部です。インタビュアーの質問として（ 1 ）～（ 5 ）に入れるのにもっとも適切なものを、右のページの ① ～ ⑦ のなかから1つずつ選び、解答欄のその番号にマークしてください。（配点　10）

Le journaliste : Vous suivez un cours d'accordéon* dans un club** qui enseigne la musique aux adultes. (1)

Josiane : Non. Comme la plupart des gens, j'ai fait de la musique quand j'étais enfant. Mais ça ne me plaisait pas beaucoup.

Le journaliste : (2)

Josiane : Il y a souvent un vieux monsieur qui joue du violon devant le magasin où je travaille. En l'écoutant, je me suis dit : « Moi aussi, je pourrais jouer d'un instrument ».

Le journaliste : (3)

Josiane : Au début, oui. Mais après, chaque progrès demande un énorme travail.

Le journaliste : Vous êtes mère de famille et vous travaillez. (4)

Josiane : Ce qui est difficile à mon âge, ce n'est pas de trouver du temps, mais de l'énergie.

Le journaliste : (5)

Josiane : Oui. Faire de la musique est devenu pour moi un vrai plaisir.

* accordéon : アコーディオン
** club : 同好会

① Apprenez-vous la musique pour la première fois ?

② Comment vous arrangez-vous pour continuer la musique ?

③ Est-ce que les études musicales de votre enfance vous ont aidée ?

④ La musique vous passionne-t-elle plus que dans votre enfance ?

⑤ N'est-ce pas un instrument un peu particulier ?

⑥ Pourquoi avez-vous eu l'idée de recommencer la musique ?

⑦ Qu'est-ce qui vous motive le plus ?

(解説・解答 ▶ p.92)

6

次の文章を読み、右のページの (1) ～ (7) について、文章の内容に一致する場合は解答欄の ① に、一致しない場合は ② にマークしてください。(配点　14)

Un véritable miracle s'est produit à Nancy vendredi après-midi. Au lendemain d'une explosion meurtrière, un bébé de 11 mois a été retrouvé vivant. Après avoir passé 30 heures dans un froid glacial, il a été découvert dans les décombres* d'un immeuble partiellement détruit. « C'est en entendant ses cris que nous avons pu le retrouver », affirment les pompiers. Le bébé, qui s'appelle Augustin, a une jambe cassée, mais sa vie n'est pas en danger.

L'explosion, due à une fuite de gaz, a endommagé** 15 appartements de l'immeuble de six étages. Elle a déjà fait huit morts, dont un pompier. De plus, on est toujours sans nouvelles de sept autres personnes. Une dizaine d'habitants qui ont perdu leur logement se sont mis à l'abri dans une école voisine pendant la nuit.

La mère du bébé va bien. Elle est allée à l'hôpital et a retrouvé son fils. À Nancy, il fait actuellement moins 4 degrés. « Si le bébé a été sauvé, c'est parce qu'il était dans son lit, bien enveloppé dans une couverture chaude », a déclaré le médecin qui l'a soigné.

* décombres : がれき

** endommager : 損害をあたえる

(1) L'explosion s'est produite mercredi soir.

(2) Les cris du bébé ont permis aux pompiers de le découvrir.

(3) La cause de l'explosion n'est pas encore connue.

(4) Il n'y a aucune victime parmi les pompiers.

(5) Certains habitants de l'immeuble ont passé la nuit dans une école.

(6) La mère d'Augustin est hospitalisée avec lui.

(7) Le bébé était bien protégé du froid grâce à une couverture.

(解説・解答 ▶ p.94)

7　次の対話を読み、(1) ～ (5) に入れるのにもっとも適切なものを、それぞれ右のページの ① ～ ④ のなかから１つずつ選び、解答欄のその番号にマークしてください。(配点　10)

Jules : Qu'est-ce qui se passe ? Tu as l'air embêtée.
Nathalie : Oui. J'ai perdu ma montre. Mon fils me l'avait offerte avant qu'on se dispute et qu'il parte à la campagne il y a six mois.
Jules : (1) ?
Nathalie : Elle est en bois et elle a des aiguilles en forme de moustache.
Jules : Quelle drôle de montre ! Elle doit être assez rare.
Nathalie : (2) On ne la trouve pas dans les magasins. C'est mon fils qui l'avait fabriquée.
Jules : Pas possible ! (3) qu'il était si habile, ce mauvais chirurgien.
Nathalie : Il y a trois ans, contre mon avis il a abandonné son travail et s'est enfermé chez lui pour créer des montres originales.
Jules : Est-ce qu'il gagne bien sa vie ?
Nathalie : (4), ses montres se vendent très bien sur Internet.
Jules : Alors, tu devrais en acheter une.
Nathalie : (5), elles sont trop chères pour moi.

(1) ① Comment est-ce qu'elle est
② Il a quel âge
③ Quelle heure est-il
④ Vous ne vous entendiez pas bien

(2) ① En effet.
② Où est le commissariat ?
③ Pourquoi ?
④ Tu es fou !

(3) ① Je croyais
② Je ne savais pas
③ On peut imaginer
④ Tu sais bien

(4) ① Ça m'étonnerait
② Je l'ignore
③ Oui, je crois
④ Tant pis pour lui

(5) ① Ah bon
② Hein
③ Malheureusement
④ Tiens

（解説・解答 ▶ p.96）

2019年度秋季
実用フランス語技能検定試験
聞き取り試験問題冊子　〈 2 級 〉

書き取り・聞き取り試験時間は、
11 時 50 分 か ら 約 35 分 間

先に書き取り試験をおこないます。解答用紙表面の書き取り試験注意事項をよく読んでください。書き取り試験解答欄は裏面にあります。

この冊子は指示があるまで開かないでください。

◇**筆記試験と書き取り・聞き取り試験の双方を受験しないと欠席になります。**

◇問題冊子は表紙を含め 4 ページ、全部で 2 問題です。

書き取り・聞き取り試験注意事項

1　途中退出はいっさい認めません。

2　書き取り・聞き取り試験は、CD・テープでおこないます。

3　解答用紙の所定欄に、**受験番号**と**カナ氏名**が印刷されていますから、まちがいがないか、**確認**してください。

4　CD・テープの指示にしたがい、中を開いて、日本語の説明をよく読んでください。フランス語で書かれた部分にも目を通しておいてください。

5　解答はすべて別紙の書き取り・聞き取り試験解答用紙の解答欄に、**HB または B の黒鉛筆**（シャープペンシルも可）で記入またはマークしてください。ボールペンや万年筆等でマークした解答は機械による読み取りの対象とならないため、採点されません。

6　問題内容に関する質問はいっさい受けつけません。

7　**携帯電話等の電子機器の電源はかならず切って、かばん等にしまってください。**通信機能のある時計は使用を禁じます。

8　**時計のアラームは使用しないでください。**

9　この試験問題の複製（コピー）を禁じます。また、この試験問題の一部または全部を当協会の許可なく他に伝えたり、漏えいしたりすることを禁じます（インターネットや携帯サイト等に掲載することも含みます）。

書き取り・聞き取り試験

（試験時間：約40分間）

書き取り試験

注意事項

フランス語の文章を、次の要領で4回読みます。全文を書き取ってください。

- 1回目、2回目は、ふつうの速さで全文を読みます。内容をよく理解するようにしてください。
- 3回目は、ポーズをおきますから、その間に書き取ってください（句読点も読みます）。
- 最後に、もう1回ふつうの速さで全文を読みます。
- 読み終わってから3分後に、聞き取り試験にうつります。
- 数を書く場合は、算用数字で書いてかまいません。（配点　14）

［音声を聞く順番］ 08 → 08 → 09 → 08

（解説・解答 ▶ p.100）

聞き取り試験

1

- まず、Louise へのインタビューを聞いてください。
- つづいて、それについての5つの質問を読みます。
- もう1回、インタビューを聞いてください。
- もう1回、5つの質問を読みます。1問ごとにポーズをおきますから、その間に、答えを解答用紙の解答欄にフランス語で書いてください。
- それぞれの（　　）内に1語入ります。
- 答えを書く時間は、1問につき10秒です。
- 最後に、もう1回インタビューを聞いてください。
- 数を記入する場合は、算用数字で書いてください。

（メモは自由にとってかまいません）（配点　8）

［音声を聞く順番］ 10 → 11 → 10 → 12 → 10

(1)　Ce sont ses (　　).

(2)　Bien qu'un peu (　　), elles se portent bien.

(3)　Dans une (　　), pas loin de leur (　　).

(4)　Parce qu'elles voulaient aller (　　) des (　　).

(5)　On a (　　) les (　　) de bonbons laissés sur le chemin.

（解説・解答 ▶ p.103）

2

- まず、Henri の話を 2 回聞いてください。
- 次に、その内容について述べた文 (1) ～ (10) を 2 回通して読みます。それぞれの文が話の内容に一致する場合は解答欄の ① に、一致しない場合は ② にマークしてください。
- 最後に、もう 1 回 Henri の話を聞いてください。
(メモは自由にとってかまいません) (配点　10)

（解説・解答 ▶ p.107）

［ 音声を聞く順番 ］ ⓭ → ⓭ → ⓮ → ⓮ → ⓭

2 次 試 験

試験方法

○2次試験は個人面接です（面接時間：5分）。
○指示にしたがい試験室に入室し、はじめに氏名の確認がありますから、フランス語で答えてください。
○次に、面接委員によりフランス語で質問がありますから、フランス語で答えてください。

＊注意＊　試験入室前に携帯電話等の電子機器の電源を切ってください。

◆ Le jury choisit un(des) sujet(s) dans la liste en fonction des intérêts de chaque candidat.

1. Aimez-vous regarder des matchs de sport ?
2. Aimez-vous prendre des photos ?
3. D'habitude, qu'est-ce que vous faites le dimanche ?
4. Passez-vous beaucoup de temps sur votre téléphone portable ?
5. Préférez-vous sortir seul(e) ou en groupe ?
6. Présentez-nous un(e) de vos ami(e)s.
7. Vous avez le permis de conduire ?
8. Faites-vous quelque chose pour rester en bonne santé ?
9. Qu'est-ce que vous faites quand vous n'arrivez pas à dormir ?
10. Qu'est-ce qu'il y a d'intéressant dans votre ville ?

（解説 ▶ p.112）

2019年度秋季2級

今季の出願者は1618名（うち1次試験免除者数56名）、1次試験の実受験者は1414名でした。また1次試験の合格者は533名（対受験者合格率38%）でした。1次試験と2次試験の両方に合格した最終合格者数は467名（1次試験免除者をくわえた2次試験の実受験者は563名）、対実受験者の合格率は32%でした。

1次試験受験者全体の得点率は58%でした。

出題内容のあらまし

1 次［筆記］

1 前置詞（穴うめ・選択）
2 フランス語文の完成（和文つき／穴うめ・記述）
3 フランス語文の完成（動詞を選択活用／穴うめ・記述）
4 説明文（戸外で読み聞かせ／穴うめ・選択）
5 インタビュー（趣味の楽器演奏／穴うめ・選択）
6 説明文（幼児救出／内容一致・選択）
7 対話文（なくした腕時計／穴うめ・選択）

［書き取り］ 談話文（島でのバカンス）

［聞き取り］

1 インタビュー（迷子になった女児／仏問仏答完成／穴うめ・記述）
2 談話文（妻との日常／内容一致・選択）

2 次［面接］（個人面接方式）受験者が試験室に入室後、面接委員がフランス語で質問し、受験者がそれに答える。（試験時間約 5 分間）

1 次 試 験

筆記試験

解説・解答

1 **解説** 適切な前置詞を選択する問題です。前置詞に関しては、基本的な前置詞がどういう機能をはたすのか、辞書で確かめておくことと同時に、動詞や形容詞、名詞を学ぶ際に、それと結びついて用いられる前置詞をいっしょに覚えておくことが大切です。そうすることできちんとしたフランス語の文章を作って話したり書いたりできますし、読んだり聞いたりする場合にも正確に理解できるものです。

今回のこの問題の全体の得点率は37%で、例年より低い結果でした。設問ごとにくわしく見ていきましょう。

(1) Cet appareil est encore (sous) garantie.「この器具はまだ保証期間内である」という意味です。名詞 garantie が「保障」または「保証」の意味で使われる名詞であることはよく知っているでしょうが、ある製品に関してそれが「保証期間内である」という場合に être sous garantie ということを知っているかどうかが鍵です。得点率は35%でした。

この機会に『ラルースやさしい仏仏辞典 Niveau 1』の garantie の項をひき、この設問で使われている être sous garantie がどのように説明されているか確認することをおすすめします。この設問で使われている appareil が小さい器具だけではなく飛行機を指す場合があることも思い出すとよいでしょう。

(2) La voiture s'est dirigée (vers) le lac à toute vitesse.「その車は全速力で湖へ向かっていった」という意味です。「…の方へ向かう」という意味の動詞 se diriger は、ともに使う前置詞としては vers がよく用いられることが身についていればむずかしくはないでしょう。得点率は54%でした。

『ラルースやさしい仏仏辞典 Niveau 1』の diriger の項をひき、例文（« De

loin, on voit le bateau se diriger lentement vers le port. » など）を熟読するだけでなく、派生語もふくめて用法を確認することをおすすめします。

(3)　Matthieu devait quitter la soirée. Il est sorti de la salle (à) regret.「Matthieu はパーティを中座しなくてはならず、残念に思いつつ会場から出ていった」という意味です。名詞 regret が「後悔、残念さ」などを意味することはよく知っているでしょうが、「心ならずも」「しぶしぶ」の意味で副詞句にする場合に前置詞 à を使うことは身についているでしょうか。まちがって *de* や *en* を選んだ受験者が多く、得点率は 15％でした。

『ラルースやさしい仏仏辞典 Niveau 1』の regret の項をひくと、sans regret が表現として載っていて（例文は « Vraiment, vous ne voulez plus de gâteau ? Sans regret ? Bon, alors je le finis ! »）、その反意表現として à regret、à contrecœur、malgré (moi, toi, etc.) があげられています。その他の例文も熟読しておくとよいでしょう。

(4)　Tous les amis de David ont assisté (en) silence à son enterrement.「David の友人たちは全員無言で、彼の埋葬式に参列した」という意味です。「沈黙、無言」「静寂」を意味する silence を使って「無言で、静かに」と言いたい場合には前置詞 en を使います。得点率は 43％でした。

『ラルースやさしい仏仏辞典 Niveau 1』の silence の項で例文（« Les gens marchaient en silence vers le cimetière. » « Silence ! laissez-le parler. » など）と説明をよく読み、用法を確認し、反意語として何があげられているかを見ると語彙をふやすことができるでしょう。

解答　(1) ⑦　(2) ⑧　(3) ①　(4) ⑤

2　**解説**　自然な日本語の文をフランス語の文に書きかえる際に必要となる単語を空欄に記す問題です。日本語の文がフランス語の文と 1 語 1 語対応しているとはかぎりませんから、日本語の文の内容をよく理解して、それを自然なフランス語にするとどういう表現が可能かを推測したうえで問題文をよく検討してください。

今回のこの問題全体の得点率は 13％で、例年より低い数字になりました。それでは 1 問ずつくわしく見ていきましょう。

⑴ 「のようなものだった」という日本語に対応するフランス語の表現として何が思いつくでしょうか。pour (　　) dire と印刷されているのを見て、pour ainsi dire という副詞句を思い出せば正解に到達します。得点率は8%でした。誤答としては、*ansi* のようにつづりをまちがえたもののほか、*me*、*comme*、*que*、*vouloir* などがありました。

『ラルースやさしい仏仏辞典 Niveau 1』の ainsi の項をひき、この副詞がどのように使われると説明されているか熟読しておくとよいでしょう。よく知っていると思っている単語であっても、例文（« Ainsi, vous ne dites rien, vous refusez de partir ? » など）を正確に理解し、自分でもそのような文をきちんと書けるか確認してみることをおすすめします。

⑵ この文では日本語の「ゆきづまっている」がフランス語の sans (　　) に対応することはすぐわかりますから、「解決策がない、出口がない」と言いかえれば issue を入れることはむずかしくないでしょう（remède、solution も可ですが、*espoir*、*sortie* は不可です)。得点率は14%でした。誤答としては *avance*、*sorti*、*sortie*、*route*、*routes* などがありました。

この機会に『ラルースやさしい仏仏辞典 Niveau 1』の issue と sortie の項をひき、そこに載っているさまざまな例文（« Prenez la deuxième rue à gauche, la première est une rue sans issue. » « Dès sa sortie, ce livre a eu un énorme succès. » など）と説明をよく読み、用法が身についているか確認するとよいでしょう。

⑶ 日本語では「早く出かけたくなった」と言っているところを、フランス語では「私」を間接目的語にして Le chant des oiseaux m'a donné (　　) de sortir tôt ce matin. としていますから、「…したいと思う気持ち」を意味する名詞 envie を入れれば、donner envie à qqn de qqch, de + inf. という表現になると気づくことができるでしょう。得点率は24%でした。誤答としては *cœur*、*motivation*、*sens* などがありました。

この機会に『ラルースやさしい仏仏辞典 Niveau 1』の envie の項をひき、多様な表現の例文を熟読して自分でもそれらの文を作れるかどうか確認するとよいでしょう。

⑷ 「うるさいぞ！」という日本語に対応するフランス語には、劣等比較を

示すmoinsが使われてMoins (　　)！と印刷されています。「より小さい声で」「より大きくない声で」と言いかえてみればよいわけですから、「大きい声で」を意味するfortが入るとわかるでしょう。副詞hautも「大きい声で」を意味しますので可ですが、moins hautとは現在はあまり言わないようです。得点率は16%でした。誤答としては*bruit*、*bruyant*、*voix*などがありました。

『ラルースやさしい仏仏辞典 Niveau 1』のfortの項をひき、そこにあげられている例文（« Elle n'est pas forte au tennis, je la bats tout le temps. » « On annonce de fortes pluies pour demain. » « La pluie tombe si fort qu'on ne peut pas sortir. » など）がきちんと身についているか確認しておくとよいでしょう。

(**5**) 「連休」という日本語に対応するフランス語はすぐには思いつかないかもしれませんが、フランス語で「飛び石連休をつないで休む」という意味でfaire le pontということを連想で思い出せれば、pontを記入できるでしょう。得点率は3%でした。*congé*は不可です。誤答としては*repos*、*vacance*などがありました。

『ラルースやさしい仏仏辞典 Niveau 1』のpontの項にはfaire le pontが例文（« Le 1er janvier étant un mardi, on a fait le pont du samedi au mercredi. »）とともに説明されています。もしこの表現を知らなかった場合には、この機会に身につけておくとよいでしょう。

解答　(1) ainsi　(2) issue　(3) envie　(4) fort　(5) pont

3　**解説**　2つの文**A**と**B**があたえられており、**B**の文には1語だけ空欄があります。**A**と**B**がほぼ同じ意味になるように、不定詞の形であたえられた8つの動詞のなかから適切なものを選び、それを必要な形に活用させて空欄をうめるという問題です。せっかく正しい動詞を選んでも、時制と叙法でまちがえたり、活用形のつづりをきちんと書けなかったりする受験者が少なくありません。日ごろから手を使って活用の練習をしておけば試験の際に迷うことはないでしょう。

問題全体の得点率は23%で、例年並みの結果でした。それでは各設問をくわしく見ていきましょう。

(1) **A** の文は「どうして君はこんな騒音をがまんできるんだ」と訳せるでしょう。**B** の文は「もし私が君の立場だったら、こんな騒音は〜しないだろう」という意味ですから、空欄には「容認する、がまんする」を意味する動詞 tolérer を条件法現在1人称単数にして tolérerais または tolèrerais を入れればよいとわかるでしょう。せっかく正しい動詞を選びながら条件法にしなかったり、あるいは条件法のつもりでつづりをまちがえたりした受験者が多くいました。得点率は7%でした。

この機会に設問で使われている place を『ラルースやさしい仏仏辞典 Niveau 1』の項目で調べてみるとよいでしょう。多様な例文（« Depuis que Pierre sait qu'il va partir avec nous, il ne tient plus en place ! Qu'il est impatient, mon Dieu ! » など）がきちんと理解できているでしょうか。

(2) **A** の文は「彼が来るのにそれほど時間はかからないだろう」という意味です。**B** の文は「彼は待つ〜だろう」という意味になると想像できますから、空欄には「自分を〜させる」を意味する代名動詞 se faire を直説法未来3人称単数 se fera にして入れれば正解です。得点率は16%でした。誤答としては、正しい動詞を選びながら活用をまちがえて se *faira*、se *fara*、*me* fera などと書いた答案があったほか、*devoir* を選んだ受験者が多くいました。

A の文で使われている構文 mettre un certain temps à + inf. が正しく理解できなければ正解するのはむずかしいでしょう。この機会に『ラルースやさしい仏仏辞典 Niveau 1』の mettre の項をひき、ここで使われている表現の例文（« En voyant la tête qu'il faisait, je n'ai pas mis longtemps à comprendre ! » など）だけでなく、その他の用法もしっかり身についているか確認するとよいでしょう。

(3) **A** の文は「彼はいつでもチャンスをいかすことができた」という意味です。**B** の文は「彼はいつでもチャンスを〜」となりそうですから、空欄には前置詞 de をともなって「〜を利用する、活用する」を意味する動詞 profiter を直説法半過去3人称単数 profitait にして入れれば正解です。得点率は42%でした。誤答としては正しい動詞を選びながら *profite*、*profiterait* などと書いてしまった場合が散見しました。

『ラルースやさしい仏仏辞典 Niveau 1』の profiter の項には profiter de だけでなく、profiter à という用法も載っています。意味のちがいに注意して例文（« Les vacances n’ont pas l’air de lui avoir beaucoup profité : elle est aussi fatiguée qu’avant ! »）をよく読んでおきましょう。

(4) **A** の文は「道はきれいにされた」と訳せるでしょう。**B** の文は「すべての障害物が道から～」という意味ですから、空欄には「取り除く」を意味する enlever を受動態にし、直説法複合過去 3 人称男性複数に活用させて ont été enlevés と記入すればよいとわかるでしょう。受身の活用が苦手な受験者が多く、得点率は 5%でした。誤答としては受動態にしなかったり、時制をまちがえて *sont* enlevés としたりした答案や、過去分詞の性数一致ができずに ont été *enlevé* としたり、*se déranger* を選んで活用させたりした答案などがありました。

受動態を正しく活用させるには、落ちついてまず直説法現在の受身を作り、そのあとでほかの時制や叙法にしていけばまちがえずにすむはずです。過去分詞が主語と性数一致することも忘れないでください。

『ラルースやさしい仏仏辞典 Niveau 1』の enlever の項でさまざまな例文と説明を読んで用法を確認するだけでなく、この動詞の活用が正しく書けるかどうか手を使って書いて再確認するとよいでしょう。

(5) **A** の文は「彼女は私のボスと結婚するという話だ」という意味です。**B** の文は「彼女は私のボスと結婚する～」と訳せそうですから、空欄には「～らしい」を意味する paraître を直説法現在 3 人称単数 paraît または parait にして記入すれば正解です。得点率は 47%でした。誤答としては正しい動詞を選びながらつづりをまちがえた場合があったほか、*devoir* などの動詞を選んだ答案もありました。

『ラルースやさしい仏仏辞典 Niveau 1』の paraître の項でさまざまな例文（« Mme Lefèvre n’est pas là ? — Non, elle serait en vacances, à ce qu’il paraît. » など）を読んで用法を確認し、自分でもそれらの文が書けるかどうか確認してみることをおすすめします。

解答　(1) tolérerais / tolèrerais　(2) se fera　(3) profitait
(4) ont été enlevés　(5) paraît / parait

4　**解説** 長文に5つの空欄が設けられており、それぞれ3つの選択肢のなかから文章の流れに合うものを選ぶ問題です。それぞれの選択肢はどれを入れても文法的に正しいようにできていますので、空欄の前だけを見て選ぼうとしてもうまくいきません。空欄をうめてから空欄のうしろも読み、さらに文章全体の論理展開に合うかどうか検討してください。

この問題全体の得点率は79%で、例年より高い数字でした。それでは各設問を見ていきましょう。

(1)　第1段落ではまず、「草上の読み聞かせ」という催しが今年もおこなわれると述べられています。この催しがどういうものかが第2文で説明され、そこに空欄があります。「8月の毎週火曜日、Châteauneufの図書館の本は(　1　)、それらの本はParc Perrinに運ばれるだろう」という文です。選択肢は①「閲覧室を離れるだろう」、②「すべてきちんと整理されるだろう」、③「乱雑に散らばるだろう」という意味ですから、冒頭の文の内容から考えても、空欄をふくむ文で図書館の本が公園に運ばれると言われていることから考えても、つづく文で「戸外で読み聞かせ」という協会の代表者が登場していることから考えても、正解は①であるとわかるでしょう。得点率は69%でした。

『ラルースやさしい仏仏辞典 Niveau 1』のquitterの項を参照し、そこに載っている例文と説明を熟読してみましょう。よく知っていると思っている単語であっても、その用法がきちんと身についているとはかぎりませんし、同義語をどれだけあげられるか確認しておくことは大切です。

(2)　「戸外で読み聞かせ」という協会の代表者Janine Muratがこの催しを企画していると述べられたあとの文に第2の空欄があります。「彼女は、子どもたちが生き生きした読み聞かせの(　2　)ようにいざないたいのである」といった内容の文です。選択肢は①「(生き生きした読み聞かせの)歴史を知る」、②「(生き生きした読み聞かせの)楽しみを発見する」、③「(生き生きした読み聞かせの)困難をがまんする」という意味です。ここまでの内容でも答えられるでしょうが、第2段落でJanine Muratは「みんなに読書に関心をもってもらいたい」といった内容が述べられていることを考慮すれば、文脈に合うのは②であるとわかるでしょう。得点率は82%でした。

(3)　第2段落冒頭の文に第3の空欄があります。「あらゆるジャンルの本を箱か袋に入れて、図書館員1名と役者2名が参加者たちに（　3　）本を読み聞かせましょうと申し出る」という意味です。選択肢は①「彼らの家で」、②「大きな木のかげで」、③「閲覧室で」という意味です。第1段落で図書館の本が公園に運ばれていると述べられていたこと、協会の名称が「戸外で読み聞かせ」であることを考えれば、文脈に合うのが②であるとするのはさほどむずかしくはないでしょう。得点率は70％でした。

この文で使われている動詞 proposer à qqn de + inf. には「（自分が）～に…することを申し出る（その場合、不定詞の動作主は proposer の主語）」の意味と「～に…することをすすめる（その場合、不定詞の動作主は proposer の間接目的語）」の意味があり、どちらなのかわからない受験者がいたかもしれません。この文の une bibliothécaire et deux comédiens proposeront aux participants de leur lire des livres の部分を分析すると、不定詞 lire の動作主は participants ではなくて文の主語の une bibliothécaire et deux comédiens であり、人称代名詞 leur は participants を受けていると考えるのが文脈に合うでしょう。したがって、意味は「図書館員1名と役者2名が、参加者に本を読みなさいとすすめる」ではなく、「図書館員1名と役者2名が、参加者に本を読み聞かせましょうと申し出る」がふさわしいと判断できるはずです。文脈をおさえることと同時に、文の構造がきちんと分析できると正しい理解ができるでしょう。

(4)　この催しをとおして、Janine Murat はみんなに読書にさらに関心をもってもらいたいのだと述べたあとの文に第4の空欄があります。「親たちが子どもたちとこの活動を共有できることを彼女は（　4　）」という文です。「この活動」とは読書のことですから、選択肢①「深く恐れている」、②「ぜひとも禁じる」、③「なによりも願っている」のなかで③を選ぶことはむずかしくはないでしょう。得点率は79％でした。

(5)　Janine Murat の発言の後半が最後の空欄をふくむ文になっています。読書の効用を強調している発言ですから、「物語は、好奇心や表現や語彙や想像力を伸ばすこと（　5　）」の空欄を埋める選択肢として、①「にほとんどかかわらない」も②「をある程度じゃまする」もふさわしくなく、③「のために重要である」が適切だと容易に判断できるでしょう。得点率は94％でした。

選択肢 ① で使われている副詞句 à peine はしっかり身についているでしょうか。『ラルースやさしい仏仏辞典 Niveau 1』の peine の項を参照し、例文（« Il y a à peine huit jours, on était aux sports d'hiver. » など）を熟読して確認するとよいでしょう。その他の表現もあげられていますから、派生語にも注意しつつ熟読すると、知識を確実にして語彙をふやすことができます。

解答　(1) ①　(2) ②　(3) ②　(4) ③　(5) ③

5　**解説**　対話形式の長文に 5 つの空欄が設けられており、それぞれに適合する文を 7 つの選択肢から選ぶ問題です。近年の傾向としてはジャーナリストによるインタビュー形式の出題が多く、今回もそのような問題でした。

問題全体の得点率は 74％で、例年と似たような結果でした。

各設問をくわしく見ていきましょう。

(1)「おとなに音楽を教える同好会でアコーディオンのクラスに出ていらっしゃいますね」というジャーナリストの発言のあとに空欄があり、それに対して Josiane は「いいえ。大半の人たちとおなじく、子どものときに音楽をしていました。けれども、そんなに好きではありませんでした」と答えています。Oui. か Non. で答えられる質問を選択肢のなかでさがすと、①、③、④が該当しますが、Josiane の返答にふさわしいのは ① Apprenez-vous la musique pour la première fois ?「音楽を習うのは初めてですか」であると選ぶのはさほどむずかしくないでしょう。得点率は 81％でした。

(2)「私が働いている店の前で、ある老人がよくバイオリンをひいているのです。聞いているうちに私は思ったのです、『私だって楽器を演奏できるかもしれない』とね」といった趣旨の Josiane の返答から、音楽を再開するようになったきっかけを尋ねる内容の質問をジャーナリストがしただろうと推測できます。選択肢のなかからそれに合うものをさがすと、⑥ Pourquoi avez-vous eu l'idée de recommencer la musique ?「なぜ、音楽をまた始めようと思ったのですか」がみつかるでしょう。得点率は 80％でした。

(3) 「最初はそうでしたね。でもそのあとは、少しずつ上達するにはたくさん練習する必要があります」という内容の返答をJosianeがしています。これもOui. かNon. で答えられるタイプの質問に対する返答ですから、(1)で見た3つのうち①を除いた③ Est-ce que les études musicales de votre enfance vous ont aidée ?「あなたが子ども時代に音楽を習ったことは役立ちましたか」か④ La musique vous passionne-t-elle plus que dans votre enfance ?「子ども時代よりあなたは音楽に夢中ですか」だろうと考えられます。最適なのは前者でしょう。得点率は60%でした。

⑤ N'est-ce pas un instrument un peu particulier ?「それはいささか特殊な楽器ではありませんか」を選んだ受験者が23%いましたが、否定疑問に対してはsiないしnonで答えるもので、ouiでは答えませんから、これを空欄に入れるのはふさわしくないでしょう。

この空欄に④も入りそうな気がするかもしれませんが、それではJosianeが「再開した当初は夢中だったけれど、今はそうでもない」と答えているようになり、本文の最後で、音楽が本当に楽しいと彼女が話していることと矛盾してしまいます。空欄をうめたあとに本文全体を読みなおすと、文脈に最適かどうか判断できるでしょう。

(4) ジャーナリストが「あなたはお子さんもいる一家の主婦で、仕事もしていらっしゃいますね」と言ったあとに空欄があり、それにJosianeは「私の年齢で大変なのは、時間をみつけることではなくて気力をふるい立たせることです」といった趣旨の返答をしています。いろいろしなくてはいけない毎日の生活でどうやって楽器の練習をしているのか尋ねられたのだろうと考えられます。そういった内容の選択肢をさがすと、② Comment vous arrangez-vous pour continuer la musique ?「音楽を続けるためにどうやってやりくりしていますか」がふさわしいとわかるでしょう。得点率は74%でした。

『ラルースやさしい仏仏辞典 Niveau 1』のarrangerの項をひき、そこに載っている代名動詞s'arrangerの2つの用法の違いを例文（« Arrangez-vous pour arriver à l'heure, je n'attendrai pas plus de cinq minutes. » « Ne t'inquiète pas, tout va s'arranger. » など）と説明をとおして確認しておくことをおすすめします。

(5) Josianeの最後の発言は「はい。音楽をすることは私にとって本当の楽しみになりました」といった趣旨です。Oui. で答えられる選択肢は、(1) と (3) で見たとおり3つありましたが、すでに2つは使っていますから、残る ④ La musique vous passionne-t-elle plus que dans votre enfance ?「子ども時代よりあなたは音楽に夢中ですか」が入るのだろうと推測できます。インタビュー全体を読みなおしてみれば、これが最適だと確認できるでしょう。得点率は75%でした。

解答　(1) ①　(2) ⑥　(3) ③　(4) ②　(5) ④

6

解説 長文の内容一致の問題です。あたえられた7つの文が本文の内容に一致しているか否かを判断します。

問題全体の得点率は90%で、例年より高い数字でした。正誤が問われている問題の文を順に確認しながら、本文の内容と一致しているか見ていきましょう。

(1) L'explosion s'est produite mercredi soir.「水曜日の夜、その爆発は起きた」という文です。本文第1段落冒頭において、Nancy で金曜の午後に奇跡と言うにふさわしい出来事が起こった、死者が出た爆発事故の翌日、生後11ヵ月の幼児が事故から30時間後に生きているのが発見されたのだと述べられています。言いかえれば、爆発が起きたのは木曜の午前中で、その30時間後である金曜の午後に幼児が発見されたということです。したがってこの文は本文の内容に一致していません。出来事が起きた順序に並べてみれば、さほどむずかしくはないでしょう。得点率は90%でした。

(2) Les cris du bébé ont permis aux pompiers de le découvrir.「その幼児の泣き声のおかげで消防士はその赤ん坊を発見することができた」という文です。本文第1段落で消防士のせりふ « C'est en entendant ses cris que nous avons pu le retrouver »「彼の泣き声を聞いて、私たちは発見することができたのです」が引用されています。所有形容詞 ses と人称代名詞 le が何をうけているかまちがえなければ、表現は変わっていても、このせりふをもとに、短文が本文の内容と一致していると判断することができるでしょう。得点率は96%でした。

短文で使われている動詞 permettre はきちんと身についているでしょうか。

『ラルースやさしい仏仏辞典 Niveau 1』の項をひき、さまざまな例文（« Vraiment ! Que cet enfant est insupportable ! Tu as vu comme il se permet de répondre à sa grand-mère ? » など）が正しく理解できるか確認してみるとよいでしょう。ついでに同じページにある名詞 permis と permission の項も熟読することをおすすめします。

(3) La cause de l'explosion n'est pas encore connue.「その爆発の原因はまだ不明である」という文です。本文第2段落冒頭で、「その爆発はガス漏れによるもので、7階建ての建物のアパルトマン15軒に損害をあたえた」と述べられています。したがって原因はすでに判明しているわけですから、短文は本文の内容と一致していません。得点率は93%でした。

本文で使われている due が devoir の過去分詞 dû の女性形であること、être du à qqch が venir de qqch あるいは avoir qqch pour cause で言いかえられることがすぐにわかったでしょうか。『ラルースやさしい仏仏辞典 Niveau 1』の devoir の項をひき、例文（« Son succès est dû au hasard, il n'a rien fait pour. » など）と説明を熟読するとよいでしょう。

おなじく本文に現れている名詞 fuite についても、『ラルースやさしい仏仏辞典 Niveau 1』の項をひき、例文（« Attention aux fuites de gaz, c'est très dangereux. » など）と説明だけでなく、派生語にも注目しておくと語彙をふやすことができます。

(4) Il n'y a aucune victime parmi les pompiers.「消防士のなかに被害者は1人もいない」という文です。本文第2段落第2文で « Elle a déjà fait huit morts, dont un pompier. »「その爆発ですでに死者が8名出ており、そのなかには消防士が1名ふくまれている」と述べられていますから、消防士のなかに被害者はいたわけです。したがってこの文は本文の内容に一致していません。得点率は93%でした。

関係代名詞 dont の使い方はきちんと身についているでしょうか。『ラルースやさしい仏仏辞典 Niveau 1』の項をひき、例文と説明を熟読して使いこなせるか確認するとよいでしょう。本文で使われているのと同じ用法の例文もあります（« Les Durand ont plusieurs maisons, dont une au bord de la mer. » « Plusieurs personnes sont venues me voir, dont ton père. »）から、自分でもこのタイプの文が作れるかためしてみることをおすすめします。

(5) Certains habitants de l'immeuble ont passé la nuit dans une école.「その建物の住民のなかには、ある学校で夜を過ごした人たちがいる」という文です。本文第2段落第4文で「住まいをなくした約10名の住民たちは、その夜は近くの学校に避難した」と述べられていますから、この文は本文の内容に一致します。得点率は93%でした。

本文で使われている名詞 abri をこの機会に『ラルースやさしい仏仏辞典 Niveau 1』でひいてみるとよいでしょう。どういう動詞と前置詞とともに用いられるかを例文（« Tiens, il neige : mettons-nous vite à l'abri. » など）で確認し、派生語と同義表現にも注目すると、語彙を確実にふやすことができるでしょう。

(6) La mère d'Augustin est hospitalisée avec lui.「Augustin の母親は彼とともに入院している」という文です。本文第3段落冒頭で「その幼児の母親は元気である。彼女は病院に行き、息子に再会した」と説明されていますから、Augustin という30時間ぶりに救出された赤ん坊の母親は入院はしていないことがわかります。したがってこの文は本文の内容に一致していません。得点率は79%でした。

この短文で使われている動詞 hospitaliser は『ラルースやさしい仏仏辞典 Niveau 1』の hôpital の項に派生語としてあげられています（« Il est entré à l'hôpital → il a été hospitalisé. »）。もう1つ hospitalier も派生語として載っていますから、この機会に自分で使いこなせるか確認するとよいでしょう。

(7) Le bébé était bien protégé du froid grâce à une couverture.「その幼児は毛布のおかげで寒さからよく守られていた」という文です。本文第3段落で Augustin の治療をした医者が「この幼児が助かったのは、ベッドのなかで暖かい毛布にしっかりくるまれていたからです」といった趣旨の発言をしています。ですから、この文は本文の内容に一致しています。さほど判断に迷うことはないでしょう。得点率は87%でした。

解答　(1) ②　(2) ①　(3) ②　(4) ②　(5) ①　(6) ②　(7) ①

7　**解説** 対話文に設けられた5つの空欄に、それぞれ4つの選択肢から適切なものを1つ選んで入れる問題です。筆記試験5も対話文の空欄補充問題ですが、質問文を尋ねるものでした。[7]では、やりとりのなかの文や文の一部が問われます。対話文が自然な流れになるように気をつけながら解答していく必要があります。

今回、この問題全体の得点率は79%で、例年より高い数字でした。

では対話文の流れを追いながら、各設問のポイントを見ていきましょう。

(1)　Nathalieに会ったJulesが「何かあったの？　困っているみたいだね」と言うと、相手は「そうよ。腕時計をなくしたの。私たちが喧嘩して半年前に息子が田舎に行ってしまう前に息子からもらったものなのよ」と答えています。それにつづくJulesの質問が第1の空欄になっています。そのあとのNathalieのせりふ、「それは木製で、ひげの形の針がついているのよ」に注目すれば、なくした腕時計がどういうものか尋ねたのだろうと推測できます。選択肢① Comment est-ce qu'elle est「それはどんなものなんだい」、② Il a quel âge「彼は何歳」、③ Quelle heure est-il「いま何時」、④ Vous ne vous entendiez pas bien「君たちは気が合わなかったのかい」のなかからふさわしいのは①であるとすぐにわかるでしょう。得点率は99%でした。

(2)　腕時計の特徴を聞いて、ずいぶん変わっているんだね、めったにないんだろうねとJulesが言うのに対するNathalieの返答の最初に第2の空欄があります。空欄の前だけに注目しても判断しにくいでしょうから、空欄につづく部分で彼女が「店には売っていないものよ。息子が作ったんだから」と言っていることにも着目しましょう。すると、選択肢① En effet.「そのとおりよ」、② Où est le commissariat ?「警察署はどこ？」、③ Pourquoi ?「なぜ？」、④ Tu es fou !「どうかしてるわよ」のなかで、文脈に合うのは①であることはすぐにわかるはずです。得点率は84%でした。空欄の前後をよく見ると対話の流れがよくとらえられるでしょう。

本文で使われているdrôleを『ラルースやさしい仏仏辞典 Niveau 1』の項で調べてみましょう。un, une drôle de + n. の例文のなかで « Depuis un an, tu as fait de drôles de progrès. » における冠詞の使い方をきちんと説明できるでしょうか。説明を熟読して自分でもこの表現が使いこなせるようにしておくことをおすすめします。

(3)　Julesが「そんなばかな！」と言ったあとの文に第3の空欄があります。

「あのへたな外科医だった彼がそんなに器用だとは（　3　）」という文ですから、不器用だと思っていたNathalieの息子が時計を作れることにJulesが驚いているのだと推測できます。空欄をうめるにふさわしいものを選択肢① Je croyais「思っていた」、② Je ne savais pas「知らなかった」、③ On peut imaginer「想像できる」、④ Tu sais bien「君はよく知っているよね」のなかからさがすと、②がJulesの驚きを表わしていると判断できるでしょう。得点率は50%でした。空欄をうめてから前後を読みなおすと、文脈にふさわしいかどうか確認できるはずです。

(**4**) 外科医だった息子が仕事をやめて引きこもり、オリジナル時計を作るようになった経緯をNathalieが説明すると、Julesは「彼はちゃんと生計を立てているのかい？」と尋ねます。それに対するNathalieの返答の最初に第4の空欄があり、それにつづけて「彼の腕時計はインターネットでよく売れているのよ」と言っています。選択肢① Ça m'étonnerait「まさか」、② Je l'ignore「知らないわ」、③ Oui, je crois「そう思うわ」、④ Tant pis pour lui「仕方ないわね」のなかから前後の文脈にふわさしいものをさがすと、③であると判断するのはさほどむずかしくはないでしょう。得点率は73%でした。

①を選んだ答案が2割弱ありましたから、この機会に『ラルースやさしい仏仏辞典 Niveau 1』の étonner の項で ça m'étonnerait の例文（« Tu crois que tu vas arriver à réparer la voiture ? Moi, ça m'étonnerait. »）と説明を熟読しておくとよいでしょう。

(**5**) 「それなら1つ買えばいいじゃない」とJulesが言うのに対してNathalieが答えているせりふの最初に第5の空欄があり、それにつづいて「私には高価すぎるもの」と彼女は言っています。選択肢① Ah bon「あらそう」、② Hein「ねえ」、③ Malheureusement「残念ながら」、④ Tiens「ほら」のなかで、「新しく買うなんて高くて無理」と言うNathalieのことばとして最適なのは③です。得点率は88%でした。

選択肢で使われている ah bon、hein、tiens を『ラルースやさしい仏仏辞典 Niveau 1』の項でそれぞれ調べてみましょう。どういう文脈でどのようなニュアンスで使われるかが説明されています。間投詞句の用法は日本語訳だけでははっきりしないものですから、例文と説明を熟読することをおすすめします。

解答 (1) ① (2) ① (3) ② (4) ③ (5) ③

書き取り・聞き取り試験

解説・解答

書き取り試験

解説 書き取り試験では、音を正確に聞き取って適切な単語や表現に結びつけ、その音を正確につづり、さらに文法的に正確な文として組み立てる必要があります。とくに、語末の子音、複数の s や x など、発音されない箇所を書き足すことに気をつけなくてはいけません。そのほか、性数一致、動詞の活用などの注意点もあります。これらの点は日ごろから気をつけていないと、受験の際についまちがえてしまうものです。

試験では、問題文は全部で 4 回読まれます。ふつうの速さで読まれる 1 回目と 2 回目は、キーワードをメモする程度におさえ、文章全体の流れを理解するようにしましょう。この段階で最初から書き取ろうとすると、書いている間に問題文を聞き逃がしてしまいます。3 回目に句読点をふくめてゆっくり読まれますので、このときに 1 語 1 語しっかり書き取ってください。最後にもう 1 回読まれるときは、自分が書いた文章にまちがいがないか、こまかい点にも注意してチェックしましょう。意味がきちんとつながるか、単数形と複数形が適切であるか、動詞の時制、人称などに合った活用ができているか、などさまざまな点を見なおすとよいでしょう。

今回は、ある島に妻子と出かけた Roger の話です。得点率は 49% でほぼ例年並みの数字でした。落ちついて書き取ることを心がけてください。第 1 文から順に見ていきましょう。

第 1 文ではまず冒頭の Cet été はきちんと書けたでしょうか。文の意味と構造と単語の性をよく考えて、*Cette* été、*Cét* été、*C'était* などと書かないようにしましょう。基本的な単語の性があやしい場合には再確認する習慣をつけ、つづりは日ごろから手で書く練習をするとよいでしょう。

同じ第 1 文にある à la plage はそれほどむずかしくはないはずですが、定冠詞 la を書かなかった答案や、plage のつづりをまちがえて *plague* などと書いた答案がありました。こまかいところですが正しい文章を作るためには重要ですから、ふだんから気をつけておくべきところです。

第1文の最後にある sa femme et son fils も問題なく書けるところでしょうが、うっかりして所有形容詞 son を忘れたり、接続詞 et を *est* と書きまちがえたりした受験者がいました。

第2文では最初の Ils avaient visité という直説法大過去にとまどった受験者がいたようです。*avait* と単数にしたり、過去分詞を複数形 *visités* にしたりした答案のほか、Ils *savait* visité などと書いた答案が散見しました。リエゾンをよく聞くことでどういう動詞が使われているか、その動詞が単数形か複数形か判断できるはずです。

同じ第2文にある la région もアクサンをまちがえずに書けたでしょうか。うっかり la *religion* などと書かないように気をつけましょう。

第2文の最後にある l'année dernière もアクサンをまちがえやすい箇所でしょう。l'année *dernièr*、l'année *dérnière*、l'*anée* dernière といった誤答が見られました。名詞 année のつづりや形容詞 dernier のつづり（女性形も）がしっかり頭に入っていない場合には辞書で再確認してください。

この機会に『ラルースやさしい仏仏辞典 Niveau 1』の dernier の項をひいて、多様な例文（« J'ai plein de choses à faire, j'irai vous voir en dernier. » など）と説明をよく読み、用法が身についているか、そこに現れた表現が正しく理解できているか確認することをおすすめします。

第3文の冒頭にある Cette fois は、指示形容詞が書けたでしょうか。「今回は」ではなく「7回」と解釈して Sept fois としてもまちがいとは言えないでしょう。名詞 fois は単数でも複数でも s がついていますから、Cette *foi*、Cette *foie* などと書かないように気をつけましょう。

同じ第3文の ils ont pris はきちんと書けたでしょうか。prendre の過去分詞は基本的な事項ですが、日ごろから手で書いて練習しておかないと、ils ont *pri* などとまちがえて書いてしまいかねません。パソコンやスマホといった便利な道具が普及しても、基本的なつづりを覚えるには手で書いたほうがよいでしょう。

第3文でつづく箇所にある un bateau も基本的な単語ですから正しく書けるはずですが、うっかりアクサンをつけて un *bâteau* と書いた誤答などがありました。

同じ第3文にある pour aller も平易な表現ですからまちがえずに書けるところでしょうが、まちがえて過去分詞を書いた pour *allé* などの誤答が散見しました。前後をよく見て、動詞の形は何が適切かを判断しましょう。

第4文は短いですから問題はなさそうですが、直説法半過去 était をまちがえて *été* と書いたり、形容詞 magnifique のつづりにつまづいて *manifique* などと書いたりした受験者が見うけられました。

第5文は長くなりますが、文全体は平易ですからあわてずに構造を把握しつつ書いていけばよいでしょう。冒頭の Il n'y avait pas が il y a の半過去を否定形にしたものであることは冷静に考えればわかるはずですが、うっかりして *avaient* と複数形にした答案がありました。

同じ第5文にある de monde の部分では、de を *du* としたり、*mondes* と複数形にしたりしてはいけません。集合的に「人々」という意味では monde は不可算であることを再確認しましょう。

第5文の後半の節には on ne voyait という直説法半過去が現れています。*voiait* といったつづりのまちがいをした答案や、*voit* と現在形にしたり、*envoyait* という別の動詞を書いたりした答案が散見しました。rien que が以下にありますから、on ne voyait *pas* としないように注意しましょう。

rien que は「〜だけ」という意味ですが、よくわからずに *bien* que などと書いた受験者がいました。それでは文が正しく成立しないと判断できないといけないでしょう。

同じ第5文にある l'eau bleue は基本的な単語ですから書けて当然のはずですが、意外にまちがえた受験者がいました。l'eau が聞き取れずに *le bleu* と書いたり、形容詞のつづりを英語につられてまちがえて l'eau *blue* などと書いたりした答案が見うけられました。

第5文の最後の単語 blanc も意外に苦戦した受験者が少なくなく、*blond*、*branc* などといった誤答がありました。

最後の第6文では冒頭の Ils se sont baignés は問題なく書けたでしょうか。主語代名詞を単数 *Il* にしたり、再帰代名詞 se のつづりをまちがえて *ce* と書いたり、助動詞 sont を *son* と書いたり、過去分詞の性数一致ができずに *baigné* としたり、つづりをまちがえて *bainié*、*bénié* などと書いたりした答案が散見しました。代名動詞の過去分詞の性数一致はフランス語を母語にしている人でもまちがえる事項ですが、基本的な原則を知っていればさほど迷うことはないはずです。知識があやふやな場合には参考書などで確認しておくとよいでしょう。

第6文の後半にある et sont restés においては主語代名詞を反復してはいませんから、et *ils* sont restés などと書かないように気をつけましょう。

最後のjusqu'au soirもふだんなら書けるはずが、試験で緊張してきちんと書けずに*jusque* soir、jusqu'*à* soirなどとした答案が見られました。1度書いたあとによく見なおして不注意なミスは避けるように気をつけましょう。

解答 （読まれる文） Cet été, Roger est allé à la plage en Bretagne avec sa femme et son fils. Ils avaient visité la région l'année dernière. Cette fois, ils ont pris un bateau pour aller sur une île. Elle était magnifique. Il n'y avait pas beaucoup de monde et on ne voyait rien que l'eau bleue et le sable blanc. Ils se sont baignés tous les trois et sont restés là-bas jusqu'au soir.

聞き取り試験

1

（読まれるテキスト）

Le journaliste : On vient de retrouver vos deux filles qui avaient disparu il y a trois jours. Ce sont vos voisins qui les ont ramenées ?

Louise : Oui. Je ne sais pas comment les remercier.

Le journaliste : Comment se portent les deux filles ?

Louise : Elles sont un peu fatiguées, mais elles se portent bien.

Le journaliste : Elles ont été découvertes loin de chez vous ?

Louise : Non, juste à deux kilomètres de la maison, mais dans la forêt ! Elles y étaient allées toutes seules pour cueillir des fraises.

Le journaliste : Comment est-ce qu'on a pu retrouver leur trace ?

Louise : On a suivi les papiers de bonbons qu'elles avaient laissés derrière elles.

(読まれる質問)

un : Qui a ramené les deux filles de Louise ?
deux : Comment se portent les enfants ?
trois : Où est-ce que les deux filles ont été découvertes ?
quatre : Pourquoi les deux filles étaient-elles parties toutes seules ?
cinq : Comment est-ce que la trace des enfants a été retrouvée ?

解説 対話を聞いたあと、それについての5つの質問を聞き、それに対する答えを完成させる問題です。あらかじめ問題冊子に印刷されている答えの文を読んでおくと、聞き取るべきポイントをある程度予測することができるでしょう。

対話は全部で3回読まれます。1回目に読まれるときは全体の流れを把握するようにしましょう。次に質問が読まれますから、質問の内容を理解し、2回目に対話を聞くときにポイントをおさえるとよいでしょう。2回目に質問が読まれるときには、それぞれの質問文の間にポーズがおかれますから、その間に空欄をうめてください。対話で使われている単語をそのまま書けばよい場合が多いですが、ときには変化させないといけない場合もあります。3回目に対話が読まれる際には、自分が記入した答えが対話の内容に即しているか、質問の形式に合っているか、空欄をうめてできあがった答えの文が正確であるかなどをチェックしましょう。

今回は、迷子になった女の子ふたりをもつ母親Louiseへのインタビューです。問題全体の得点率は46%で例年より高い数字になりました。各設問ごとに見ていきましょう。

(1) 「3日前にいなくなったふたりの娘さんが発見されたのですね。連れてきてくれたのは近所の人たちですか」というジャーナリストの質問にLouiseは「そうです。どう感謝してよいかわかりません」と答えています。第1の質問「Louiseのふたりの娘たちを連れてきたのはだれですか」はこの部分に対応しています。問題冊子に「それは彼女の（　　）である」という意味の文が印刷されていますから、空欄にはインタビューで使われている

voisins をそのまま入れれば正解です。得点率は55%でした。誤答としては複数形にするのを忘れて *voisin* と書いたものや女性形にした *voisine*、*voisines* などのほか、*filles* などもありました。voisin は男性形と女性形で発音がちがいますから、混同しないですむはずです。

(2)　ジャーナリストが「ふたりの娘さんたちはお元気ですか」と尋ねると、Louise は「少し疲れていますけれど元気です」と答えています。第2の質問「子どもたちは元気ですか」はこの部分に対応しています。「少し（　　）であるが、彼女たちは元気である」という内容の文が問題冊子に印刷されていますから、空欄には fatiguées を記入すれば正解です。得点率は29%でした。インタビューで使われている単語をそのまま書けばよいのですが、きちんと女性形複数にしていないで *fatigué*、*fatigués*、*fatiguée* などと書いた答案が散見しました。

『ラルースやさしい仏仏辞典 Niveau 1』の porter の項をひき、ここで使われている用法もふくめて多様な例文（« La discussion portait sur la politique du gouvernement. » など）を読み、意味がしっかり理解できているか、使い方が身についているか確認してみましょう。

(3)　ジャーナリストが「彼女たちは自宅から離れた場所で発見されたのですか」と尋ねると、Louise は「いいえ、家からちょうど2キロのところですが、森のなかだったのです」と答えています。第3の質問「ふたりの女の子たちはどこで発見されましたか」はこの部分に対応しています。問題冊子には「（　　）のなかで、彼女たちの（　　）から遠くないところで」という趣旨の文が印刷されていますから、第1の空欄には forêt を、第2の空欄には maison（domicile も可）を記入すれば正解です。得点率は前者が53%、後者が84%でした。第1の空欄の誤答としてはアクサンを忘れて *foret* と書いたものがありましたが、アクサンがないつづりの単語がフランス語には存在し、「森」ではなく「ドリル、錐」を意味します。第2の空欄の誤答としては *maisons* としたものがありましたが、所有形容詞 leur の形を見れば名詞は単数でなければいけないことはわかるはずです。

(4)　Louise はジャーナリストの第3の質問への返答のつづきとして「彼女たちは森にふたりだけでイチゴを摘みに出かけていたのです」と語っていま

す。第 4 の質問「なぜふたりの女の子たちは彼女たちだけで出かけたのですか」はこの部分に対応しています。問題冊子には「彼女たちは（　　）を（　　）に行きたかったからである」という趣旨の文が印刷されていますから、インタビューで使われている単語をそのまま使い、第 1 の空欄に cueillir を、第 2 の空欄に fraises を記入すれば正解です。第 1 の空欄には chercher、ramasser を入れても可です。得点率は前者が 7%、後者が 36% でした。第 1 の空欄の誤答としては cueillir のつづりが正しく書けなかったもの（*cuillir*、*cueilir* など）や、*prendre* などの動詞を書いたものが散見しました。第 2 の空欄の誤答としては単数の *fraise* を書いたり、つづりをまちがえて *frais* と書いたり、*bonbons* と記入したりした答案がありました。不定冠詞 des につづく空欄ですから複数形にするのを忘れないようにしましょう。

形容詞 seul は Louise の発言でわかるとおり、複数形で使う場合もあります。「ひとつ、ひとり」という訳だけに対応させないほうがよいでしょう。この機会に『ラルースやさしい仏仏辞典 Niveau 1』の seul の項をひいて例文（« Tu habites seule dans cette grande maison ? » など）を熟読し、用法がしっかり身についているか確認することをおすすめします。

(5)「彼女たちの痕跡はどうやって発見できたのですか」とジャーナリストが最後に質問すると、Louise は「彼女たちが残していったあめ玉の包み紙を追っていったのです」と答えています。第 5 の質問「子どもたちの痕跡はどのようにして発見されましたか」はこの部分に対応しています。「道に残されたあめ玉の（　　）を（　　）」という趣旨の文が問題冊子には印刷されていますから、第 1 の空欄には suivi（trouvé、remarqué でも可）を、第 2 の空欄には papiers を記入すれば正解です。得点率は前者が 52%、後者が 53% でした。前者には *suivé*、*suivré* といった誤答がありました。後者の誤答には複数形にすることを忘れて *papier* と書いたり、つづりをまちがえて *papies* などとしたものがありました。

解答
(1) (voisins)　(2) (fatiguées)
(3) (forêt) (maison)　(4) (cueillir) (fraises)
(5) (suivi) (papiers)

2

(読まれるテキスト)

Ma femme s'appelle Anne. Elle n'est pas amusante ; elle n'aime pas se distraire. Le matin, quand elle se réveille, elle regarde d'abord le réveil. S'il est six heures moins dix, elle reste encore au lit quinze minutes. Chaque jour, elle se lève à six heures cinq. Ensuite, elle va dans la salle de bains pour se regarder dans la glace. Pendant ce temps-là, je prépare le petit déjeuner. Tous les jours, nous prenons du jus d'orange, du thé au lait et des tartines avec du beurre et de la confiture. Après s'être brossé les dents et s'être coiffée avec soin, ma femme part au travail à huit heures et demie. Elle rentre à midi pour le déjeuner. Comme je ne travaille pas, c'est moi qui prépare le repas. J'essaie de varier le menu. Heureusement, Anne préfère la cuisine simple, par exemple des œufs durs avec un peu de salade. Après le déjeuner, elle retourne au travail, tandis que je vais me promener dans le quartier, discuter avec des amis dans un café et faire les achats pour le soir. Anne rentre à six heures et quart et nous commençons à dîner à sept heures. Elle me parle de ce qui s'est passé pendant la journée, et se plaint souvent de ses collègues. Il est rare qu'elle me raconte des histoires drôles. Je fais des efforts pour la faire rire, mais ce n'est pas facile.

(読まれる内容について述べた文)

un : Henri trouve sa femme amusante.

deux : Tous les jours, Anne se lève à six heures moins dix.
trois : Le matin, la femme d'Henri n'a pas le temps de se regarder dans la glace.
quatre : Le petit déjeuner du couple est toujours le même.
cinq : Tous les jours, Anne part travailler à une heure fixe.
six : Henri n'a pas de travail.
sept : La femme d'Henri aime les plats difficiles à préparer.
huit : Henri ne reste pas chez lui l'après-midi.
neuf : Anne n'est pas très satisfaite de ses collègues.
dix : Henri fait rire sa femme sans trop de difficultés.

解説 ある程度の長さの文章を聞き、つづいて、その内容について述べた10の短文を聞き、それぞれについて正誤を判断する問題です。最初に問題文が2回読まれます。1回目は、どんな人が語っているのか、いつ、だれが、どこで、何をしたのかといったことに気をつけながら全体を理解していきましょう。2回目はポイントになりそうなところ、時間、数字などをメモしながら聞くとよいでしょう。つづいて10の短文が読まれます。それぞれについて記憶とメモを頼りに正誤を判断してください。10の短文がもう1回読まれるときに、聞きまちがいがないかをチェックし、あやふやなところはこのときに確認しましょう。最後に問題文がもう1回読まれます。10の短文に関連するところに注意しながらよく聞き、正誤を最終確認するとよいでしょう。

今回は、Henriという男性が妻のAnneとの日常生活を話しています。問題全体の得点率は64%で、例年より低い結果でした。10の短文をそれぞれ見ていきましょう。

(1) 「Henriは妻を愉快な人だと思っている」という文です。本文第2文の最初の節で「彼女は愉快ではない」とHenriは語っていますから、この短文は本文の内容に一致していません。否定文であることを聞き逃さなければ容易に答えられるでしょう。得点率は90%でした。

(2)「毎日 Anne は 6 時 10 分前に起きる」という文です。本文第 3 文から第 5 文にかけて、「毎朝、彼女は目が覚めると目覚まし時計をまず見ます。時計が 6 時 10 分前を指していれば、まだ 15 分間はベッドにいるのです。毎日、彼女は 6 時 5 分に起きるのです」と Henri は説明しています。したがって 6 時 10 分前に目覚めても起き上がるのは 6 時 5 分だというわけですから、短文は本文の内容に一致していません。数字の部分だけに注目するとまちがえやすいものですから、文脈をきちんと把握するようにしましょう。得点率は 61%でした。

(3)「朝、Henri の妻は鏡で自分の姿を見る時間はない」という文です。本文第 6 文で Henri は「それから、彼女は浴室に行って自分の姿を鏡で見ます」と語っていますから、短文は本文の内容に一致しません。得点率は 73%でした。短文が否定文であることに注意しておけば解答は容易でしょう。

この機会に『ラルースやさしい仏仏辞典 Niveau 1』の glace の項を読み、3 つに分類されているそれぞれの意味を例文（« Ah ! madame, ces chaussures vous vont très bien. Venez donc vous regarder dans la glace. » など）をとおして再確認することをおすすめします。説明を熟読すると関連する単語の知識（givre、verglas など）をふやすことができます。

(4)「この夫妻の朝食はいつも同じである」という文です。本文第 8 文で、「毎日、私たちはオレンジジュースとミルクティーを飲み、バターとジャムをつけたパンを食べます」と Henri は語っていますから、朝食が毎日同じであることがわかります。したがって短文は本文の内容に一致しています。得点率は 86%でした。本文と表現がことなっていても、趣旨が合致しているか否かを判断するのはさほどむずかしくはないでしょう。

tartine がどう説明されているか、『ラルースやさしい仏仏辞典 Niveau 1』の項を参照するとよいでしょう。

(5)「毎日 Anne はきまった時間に仕事に出かける」という文です。本文第 9 文で「ていねいに歯を磨いて髪を整えたあと、妻は 8 時半に仕事に出発します」と Henri は話しています。したがって毎朝、同じ時刻に出発することがわかります。本文の huit heures et demie が une heure fixe と言いかえられていることにとまどった受験者が多いようですが、それぞれの内容をよく理解すれば同じ趣旨であることはわかるはずです。得点率は43%でした。

『ラルースやさしい仏仏辞典 Niveau 1』で fixe の項をひき、どのように使われるか例文（« Les Durand ont des heures fixes pour manger, le déjeuner à 13 heures, le dîner à 20 heures, jamais avant, jamais après. » など）と説明をとおして確認しておくとよいでしょう。ついでに fixer の項も参照することをおすすめします。

(6)「Henri は仕事がない」という文です。本文第 11 文で「私は働いていないので、昼食を作るのは私です」と Henri が語っていますから、彼が無職であることはすぐにわかるでしょう。したがって正解は ① です。得点率は 64 %でした。本文と短文の表現はちがいますが、内容が同じであると判断するのはむずかしくはないでしょう。

(7)「Henri の妻は作るのがむずかしい料理が好きだ」という文です。本文第 13 文で「幸いなことに Anne は簡単な料理が好きです。たとえば少しのサラダ菜とゆで卵といったものです」と Henri は語っていますから、短文は本文の内容には一致していません。得点率は 65%でした。

日本語の「料理」に対応するフランス語として cuisine と plat がここで使われていますが、用法のちがいはわかっているでしょうか。『ラルースやさしい仏仏辞典 Niveau 1』でそれぞれの項をひき、その例文（« Quel mari extraordinaire ! Il paraît qu'il sait faire d'excellents petits plats ! » など）と説明をとおしてきちんと把握しておくとよいでしょう。

(8)「午後 Henri は家にずっとはいない」という文です。本文第 14 文で「昼食後、彼女は仕事にもどります。私は近所を散歩して、カフェで友人たちとおしゃべりして、夜のための買い物をします」と Henri は話しています。したがって、ずっと自宅にとどまっているわけではないことは明らかですから、短文は本文の内容に一致します。得点率は 72%でした。短文と本文で使われている表現がちがっていても、内容が合致しているかどうかを判断するのにさほど迷うことはないでしょう。

(9)「Anne は同僚たちにあまり満足していない」という文です。本文第 16 文で Henri は夕食の際に「彼女は 1 日の出来事を私に話し、よく同僚のことで不満を言います」と語っています。したがって同僚に対してさほど満足していないわけですから短文は本文の内容に一致しています。得点率は50%でした。ここでも本文の se plaindre が短文には現れずに別の表現が使われていますが、それぞれの趣旨を理解すれば正誤を判断するのは容易なはずです。

『ラルースやさしい仏仏辞典 Niveau 1』で plaindre の項をひき、他動詞と代名動詞がそれぞれどう使われるか、例文（« La pauvre Colette, je la plains d'avoir un fils toujours malade. » など）を熟読して確認するとよいでしょう。同義語と反意語も載っていますから、フランス語でどのように多様な言い方ができるかわかるでしょう。

(10) 「Henri はさほど苦労せずに妻を笑わせる」という文です。本文最後の文で Henri は「私は彼女を笑わせようと努力していますが、それは容易ではありません」と話していますから、笑わすには苦労しているわけです。したがって短文は本文の内容に一致していません。本文と短文の表現がことなっていることにとまどった受験者が多く、得点率は39%でした。

ここで使われている名詞 difficulté と effort をそれぞれ『ラルースやさしい仏仏辞典 Niveau 1』でひいてみましょう。さまざまな例文（« Ils n'ont pas fait de difficultés pour te donner ton passeport ? » « Vous auriez pu faire un effort pour nous écrire de temps en temps ! » など）と説明をとおして、知っていると思っている単語を実際に使う場合に意外につまづく単数・複数の問題や冠詞の問題などに注意することをおすすめします。

解答 (1) ② (2) ② (3) ② (4) ① (5) ①
(6) ① (7) ② (8) ① (9) ① (10) ②

1次試験配点表

筆記試験	1	2	3	4	5	6	7	小計	書き取り	小計	聞き取り	1	2	小計	合計
	4点	10	10	10	10	14	10	68		14		8	10	18	100

2 次 試 験

解 説

面接試験は、フランス語のネイティブスピーカーと日本人の面接委員が1組になっておこないます。試験時間は約5分です。明るく Bonjour ! とあいさつしながら入室しましょう。面接委員が受験者の名前を確認したあと、あらかじめ用意された質問のなかから受験者に適切と思われるものを選んで質問します。それを糸口にして会話が始まります。

2級の面接試験では、日常生活と関連のある話題について基本的なフランス語表現を使ってコミュニケーションをすることができるかどうかが問われます。したがって、リラックスして会話を楽しもうという姿勢が大切です。どんな質問をされても、母語で会話をするときと同じように自分の答えやすい形で答え、さらに、自分の話したいことを追加していけば、面接委員との間に自然な会話が進んでいきます。

質問がよく聞き取れなかったり、質問の意味がよくわからなかったりした場合は、あわてることなく、Je n'ai pas bien compris, vous pouvez répéter, s'il vous plaît ? などと言って、質問を繰り返してもらったり、わかりやすく言いかえてもらったりしましょう。とまどって黙ってしまってはいけません。

質問に答える際には、問われたことに単語1語だけで答えるのは避けたほうがよいでしょう。Oui か Non だけで答えたり、名詞1語で答えたりするより、できるだけ主語と述語をそろえた文にして答えましょう。複雑な構文やむずかしい単語を使う必要はありませんから、簡単な構文で自分の言いたいことを落ちついて話していけばよいでしょう。質問されたことから出発して適当なエピソードなども思いつけば、それを話してみることも悪くありません。質問に対する答え自体には正答も誤答もありません。あくまで会話を始めるきっかけにすぎないのです。面接委員は、その質問を出発点にして受験者がどれだけ充実した会話をつづける能力をもっているのかを見きわめようとしています。ゆっくりでいいですからていねいに文を組み立てながら、できるだけ積極的に自分のことを面接委員に伝えることが大切です。

試験時間が終了して退室するときは、Au revoir, bonne journée ! などとあいさつをして退出しましょう。

面接試験の対策としては、まずはできるだけフランス語を聞く機会をふやすことです。面接委員の質問が聞き取れなくては困りますから。教材のCDなど以外にも、インターネットや映画など、さまざまなメディアを活用し、日常的にフランス語の音声にふれて耳を慣らすように心がけましょう。ラジオなどでよくインタビューが流れていますから、そういった番組を聞いてみることもよいでしょう。年配の人が話すフランス語は比較的聞き取りやすいものです。

自分でフランス語を話す機会をなるべく作ることも大切です。フランス語のネイティブスピーカーと話す機会がなくても、同じようにフランス語を学ぶ日本語話者どうしでフランス語の会話をしてみるのもよいでしょう。あるいは、いままで出された2次試験の問題をもとに、自分でフランス語の答えを書いてみて、それを何度も発音するといった練習方法もあるでしょう。気に入ったフランス語の文章を暗唱してみるのもよいかもしれません。フランス語を発音することへの心理的抵抗をなくすのが重要です。

準2級

準 2 級の内容と程度

● 程 度

日常生活における平易なフランス語を、読み、書き、聞き、話すことができる。ヨーロッパ言語共通参照枠（CEFR）の A2 にほぼ対応しています。

標準学習時間：300 時間以上

● 試験内容

読　む	一般的な内容で、ある程度の長さの平易なフランス語の文章を理解できる。
書　く	日常生活における平易な文や語句を正しく書ける。
聞　く	日常的な平易な会話を理解できる。
話　す	簡単な応答ができる。
文法知識	基本的文法事項全般についての十分な知識。

語彙：約 2,300 語

● 試験形式

1 次試験（100 点）

筆　記	問題数 7 問、配点 70 点、試験時間 75 分。マークシート方式、一部記述式。
書き取り	問題数 1 問、配点 12 点。試験時間（下記聞き取りと合わせて）約 25 分。
聞き取り	問題数 2 問、配点 18 点。語記入、マークシート方式。

2 次試験（30 点）

個人面接試験	提示された文章を音読し、その文章とイラストについての簡単なフランス語の質問にフランス語で答える。 試験時間約 5 分。

準2級の傾向と対策

2006年度に新設された準2級も14年を経ました。試験の程度は、「日常生活における平易なフランス語を、読み、書き、聞き、話すことができる」に設定されており、300時間程度フランス語を学習した受験者を想定しています。3級は、一通りフランス語の基本的事項を修得した受験者を対象にした試験ですが、準2級では、基本的事項を確実に身につけ、それを日常レベルで応用できるとともに、基本的知識からもう一歩進んだフランス語力を備えていることが求められます。

準2級は、2級と3級の間にありますが、レベル的には3級のほうにやや近いと言えるでしょう。「一般的なフランス語を、読み、書き、聞き、話すことができる」ことを要求される2級は、実用フランス語としてはかなりのレベルです。準2級は、基本的なフランス語力を基盤として、日常レベルで、ある程度実用性のあるフランス語力を身につけつつある学習者のための試験です。大学などでフランス語関連分野を専攻している人にとっては2年次での目標となるでしょうし、大学で第2外国語として学習している人や仕事をしながら外国語学校で学んでいる人にとっては、日常生活で実際に役に立つレベルのフランス語を身につけたことを証明する試験となるでしょう。

出題の範囲ですが、文法的にはフランス語の基本文法全般を理解していることが求められます。語彙は、2,300語に設定されています。具体的な学習の目安としては、日本で広く使用されている学習辞典（『クラウン仏和辞典』、『Le Dico ディコ仏和辞典』、『プチ・ロワイヤル仏和辞典』、『プログレッシブ仏和辞典』、『ジュネス仏和辞典』など）でアステリスクが2つ以上ついている語とその派生語は出題範囲の語だと思ってください。

さて、以上をふまえて受験対策ですが、まず、文法知識としては、基本文法書あるいは参考書をマスターすることが基盤となります。準2級から本格化する長文問題については、適切な教材が充実しているとは言えないのが現状です。フランスの新聞や週刊誌、インターネットの記事などは、一般に語彙や表現の点で準2級のレベルを超えています。準2級で出題されるのは、これらの記事の難度を下げて平易にしたレベルの文章です。現時点では、この『仏検公式ガイドブック準2級』収録の長文問題に取り組み、その解説を読むことがよい練習になるでしょう。書き取り・聞き取り試験対策としては、なんといっても数多くフランス語の文章を聞くことです。インターネットでフランス語のラジオをリアルタイムで聞くことができますし、フランスの放送局 TV5 の放送が日本でも日常的に見られるようになっています。フランス語学校などに通学する機会のない勤労者や地方在住者にとって、メディアの利用は大変有効です。

準 2 級からは、記述式問題がふえます。選択式の問題とちがって記述式の問題では、当然ながら、正確に単語が書けなければ得点できません。日ごろから、アクサン記号の有無、アクサン記号の種類をふくめ、語を正確につづることを心がけましょう。準 2 級にかぎらず、仏検全般にわたって、記述式問題の得点率は、選択式問題の得点率を大きく下まわっています。3 級とくらべて、記述式問題の比重が次第に増していく準 2 級以上の級では、記述式問題の得点が合否を左右すると言っても過言ではありません。

それでは、以下、過去に出題された問題によって、正解にいたる道を具体的に解説していきます。まず、試験本番のつもりで、例示された問題を解き、そのあと、解説にしたがって解答プロセスを確認してください。

解答用紙（雛型）（67%縮小）

2019年度　秋季　実用フランス語技能検定試験（準２級）筆記試験　解答用紙

会　場　名
氏　　名

会場コード					
⓪	⓪	⓪	⓪	⓪	⓪
①	①	①	①	①	①
②	②	②	②	②	②
③	③	③	③	③	③
④	④	④	④	④	④
⑤	⑤	⑤	⑤	⑤	⑤
⑥	⑥	⑥	⑥	⑥	⑥
⑦	⑦	⑦	⑦	⑦	⑦
⑧	⑧	⑧	⑧	⑧	⑧
⑨	⑨	⑨	⑨	⑨	⑨

受験番号							
⓪	⓪	⓪	⓪	⓪	⓪	⓪	⓪
①	①	①	①	①	①	①	①
②	②	②	②	②	②	②	②
③	③	③	③	③	③	③	③
④	④	④	④	④	④	④	④
⑤	⑤	⑤	⑤	⑤	⑤	⑤	⑤
⑥	⑥	⑥	⑥	⑥	⑥	⑥	⑥
⑦	⑦	⑦	⑦	⑦	⑦	⑦	⑦
⑧	⑧	⑧	⑧	⑧	⑧	⑧	⑧
⑨	⑨	⑨	⑨	⑨	⑨	⑨	⑨

記入およびマークについての注意事項

1. 解答にはかならずHBまたはBの黒鉛筆（シャープペンシルも可）を使用してください。ボールペンや万年筆等でマークした解答は機械による読み取りの対象とならないため、採点されません。
2. 記入は**太線の枠内**に、マークは◯の中を**正確に塗りつぶしてください**（下記マーク例参照）。
   採点欄は塗りつぶさないでください。
3. 訂正の場合は、プラスチック製消しゴムできれいに消してください。
4. **解答用紙を折り曲げたり、破ったり、汚したりしないでください。**

マーク例

良い例	悪い例
●	◯ ⊠ ⊙ ✓ ◑ ◉

1

解答番号	解答欄
(1)	① ② ③ ④ ⑤ ⑥
(2)	① ② ③ ④ ⑤ ⑥
(3)	① ② ③ ④ ⑤ ⑥
(4)	① ② ③ ④ ⑤ ⑥

2

解答番号	解答欄	採点欄
(1)		② ⓪
(2)		② ⓪
(3)		② ⓪
(4)		② ⓪
(5)		② ⓪

3

解答番号	解答欄	採点欄
(1)		② ⓪
(2)		② ⓪
(3)		② ⓪
(4)		② ⓪
(5)		② ⓪

4

解答番号	解答欄
(1)	① ② ③ ④ ⑤ ⑥ ⑦
(2)	① ② ③ ④ ⑤ ⑥ ⑦
(3)	① ② ③ ④ ⑤ ⑥ ⑦
(4)	① ② ③ ④ ⑤ ⑥ ⑦
(5)	① ② ③ ④ ⑤ ⑥ ⑦

5

解答番号	解答欄
(1)	① ② ③
(2)	① ② ③
(3)	① ② ③
(4)	① ② ③
(5)	① ② ③

6

解答番号	解答欄
(1)	① ②
(2)	① ②
(3)	① ②
(4)	① ②
(5)	① ②
(6)	① ②

7

解答番号	解答欄
(1)	① ② ③
(2)	① ② ③
(3)	① ② ③
(4)	① ② ③
(5)	① ② ③

表面

2019年度　秋季　実用フランス語技能検定試験（準２級）書き取り／聞き取り　試験　解答用紙

会場名
氏名

会場コード					
⓪	⓪	⓪	⓪	⓪	⓪
①	①	①	①	①	①
②	②	②	②	②	②
③	③	③	③	③	③
④	④	④	④	④	④
⑤	⑤	⑤	⑤	⑤	⑤
⑥	⑥	⑥	⑥	⑥	⑥
⑦	⑦	⑦	⑦	⑦	⑦
⑧	⑧	⑧	⑧	⑧	⑧
⑨	⑨	⑨	⑨	⑨	⑨

受験番号							
⓪	⓪	⓪	⓪	⓪	⓪	⓪	⓪
①	①	①	①	①	①	①	①
②	②	②	②	②	②	②	②
③	③	③	③	③	③	③	③
④	④	④	④	④	④	④	④
⑤	⑤	⑤	⑤	⑤	⑤	⑤	⑤
⑥	⑥	⑥	⑥	⑥	⑥	⑥	⑥
⑦	⑦	⑦	⑦	⑦	⑦	⑦	⑦
⑧	⑧	⑧	⑧	⑧	⑧	⑧	⑧
⑨	⑨	⑨	⑨	⑨	⑨	⑨	⑨

記入およびマークについての注意事項

1. 解答にはかならずHBまたはBの黒鉛筆（シャープペンシルも可）を使用してください。ボールペンや万年筆等でマークした解答は機械による読み取りの対象とならないため、採点されません。
2. 記入は**太線の枠内**に、マークは◯の中を**正確に塗りつぶしてください**（下記マーク例参照）。
採点欄は塗りつぶさないでください。
3. 訂正の場合は、プラスチック製消しゴムできれいに消してください。
4. **解答用紙を折り曲げたり、破ったり、汚したりしないでください。**

マーク例

良い例　悪い例

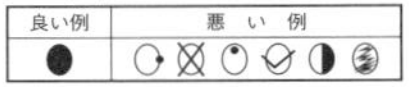

書き取り試験注意事項　（書き取り試験解答欄は裏面にあります。）

フランス語の文章を、次の要領で４回読みます。全文を書き取ってください。

・１回目、２回目は、ふつうの速さで全文を読みます。内容をよく理解するようにしてください。

・３回目は、ポーズをおきますから、その間に書き取ってください（句読点も読みます）。

・最後に、もう１回ふつうの速さで全文を読みます。

・読み終わってから２分後に、聞き取り試験にうつります。

・数を書く場合は、算用数字で書いてかまいません。（配点　12）

書き取り試験

採点欄
⓪ ① ② ③ ④ ⑤ ⑥ ⑦ ⑧ ⑨
⑩ ⑪ ⑫

聞き取り試験

1

解答番号	解答欄	採点欄
(1)		① ⓪
(2)		① ⓪
(3)		① ⓪
(4)		① ⓪
		① ⓪
(5)		① ⓪
		① ⓪
(6)		① ⓪

2

解答番号	解答欄
(1)	① ②
(2)	① ②
(3)	① ②
(4)	① ②
(5)	① ②
(6)	① ②
(7)	① ②
(8)	① ②
(9)	① ②
(10)	① ②

裏面

準２級書き取り試験　解答欄

2019年度春季
実用フランス語技能検定試験
筆記試験問題冊子　〈準 2 級〉

問題冊子は試験開始の合図があるまで開いてはいけません。

筆　記　試　験		10 時 00 分 ～11 時 15 分 (休憩 20 分)
書き取り 聞き取り	試験	11 時 35 分から約 25 分間

◇筆記試験と書き取り・聞き取り試験の双方を受験しないと欠席になります。

◇問題冊子は表紙を含め 12 ページ、全部で 7 問題です。

注　意　事　項

1　途中退出はいっさい認めません。

2　筆記用具は **HB または B の黒鉛筆** (シャープペンシルも可) を用いてください。ボールペンや万年筆等でマークした解答は機械による読み取りの対象とならないため、採点されません。

3　解答用紙の所定欄に、**受験番号**と**カナ氏名**が印刷されていますから、まちがいがないか、**確認**してください。

4　**マーク式の解答は、解答用紙の解答欄にマークしてください。**たとえば、1 の (1) に対して ③ と解答する場合は、次の例のように解答欄の ③ にマークしてください。

例

1	解答番号	解　答　欄
	(1)	①　②　●　④　⑤　⑥

5　記述式の解答の場合、正しく判読できない文字で書かれたものは採点の対象となりません。

6　解答に関係のないことを書いた答案は無効にすることがあります。

7　解答用紙を折り曲げたり、破ったり、汚したりしないように注意してください。

8　問題内容に関する質問はいっさい受けつけません。

9　不正行為者はただちに退場、それ以降および来季以後の受験資格を失うことになります。

10　**携帯電話等の電子機器の電源はかならず切って、かばん等にしまってください。**

11　**時計のアラームは使用しないでください。**

12　この試験問題の複製 (コピー) を禁じます。また、この試験問題の一部または全部を当協会の許可なく他に伝えたり、漏えいしたりすることを禁じます (インターネットや携帯サイト等に掲載することも含みます)。

1　次の (1) ～ (4) の (　　) 内に入れるのにもっとも適切なものを、下の ① ～ ⑥ のなかから1つずつ選び、解答欄のその番号にマークしてください。ただし、同じものを複数回用いることはできません。なお、① ～ ⑥ では、文頭にくるものも小文字にしてあります。(配点　8)

(1) Ce médicament est (　　) danger.

(2) Là-bas, tu trouveras un magnifique jardin (　　) la française.

(3) On doit changer (　　) train à Shinjuku.

(4) (　　) cette pluie, les avions ne peuvent pas partir.

① à　　② avec　　③ de
④ pour　　⑤ sans　　⑥ sur

(解説・解答 ▶ p.146)

2

次のフランス語の文 (1) ～ (5) が、それぞれあたえられた日本語の文が表わす意味になるように、(　　) 内に入れるのにもっとも適切な語 (各 1 語) を、**示されている最初の文字とともに**、解答欄に書いてください。(配点　10)

(1)　(C　　)　faire ?
どうしようか。

(2)　De toute (f　　), elle ne sera pas d’accord.
いずれにしても、彼女は賛成しないだろう。

(3)　D’(h　　), il rentre à la maison à 18 heures.
ふだん彼は 18 時に帰宅する。

(4)　Moi, je m’appelle Paul Benoît, (e　　) !
私はポール・ブノワです、はじめまして。

(5)　(P　　)　pas ?
いいんじゃないの。

(解説・解答 ▶ p.147)

3　次の (1) ～ (5) について、**A**、**B** がほぼ同じ意味になるように、(　　) 内に入れるのにもっとも適切なものを、下の語群から 1 つずつ選び、必要な形にして解答欄に書いてください。ただし、同じものを複数回用いることはできません。(配点　10)

(1) **A** Avant, cet enfant bougeait tout le temps.

B Avant, cet enfant ne (　　) jamais tranquille.

(2) **A** C'est bientôt le jour du départ.

B Le jour du départ (　　).

(3) **A** Il faudra seulement une heure pour terminer ce travail.

B Une heure (　　) pour terminer ce travail.

(4) **A** Il habite à Paris depuis l'année dernière.

B Il (　　) à Paris l'année dernière.

(5) **A** Mon père veut me cacher la vérité.

B Mon père ne veut pas que je (　　) la vérité.

approcher	éviter	rendre	rester
savoir	s'installer	suffire	

(解説・解答 ▶ p.149)

4

次の対話 (1) ～ (5) の (　　) 内に入れるのにもっとも適切なものを、下の ① ～ ⑦ のなかから 1 つずつ選び、解答欄のその番号にマークしてください。ただし、同じものを複数回用いることはできません。なお、① ～ ⑦ では、文頭にくるものも小文字にしてあります。(配点　10)

(1) — Je ne veux pas faire ce que fait mon père.
— (　　) veux-tu devenir, alors ?

(2) — La construction d'une nouvelle usine coûterait très cher.
— C'est la raison pour (　　) je m'oppose à ce projet.

(3) — Marie a beaucoup changé depuis son mariage ?
— Pas du tout. Elle reste toujours (　　).

(4) — Tout le monde est là ?
— Non, (　　) manque Marion et Élodie.

(5) — Tu as aimé mon cadeau ?
— Oh oui ! C'est exactement ce (　　) j'avais besoin.

① auquel　② dont　③ il　④ la même
⑤ laquelle　⑥ nulle part　⑦ que

(解説・解答 ▶ p.151)

5 次の文章を読み、(1) ~ (5) に入れるのにもっとも適切なものを、それぞれ右のページの ① ~ ③ のなかから 1 つずつ選び、解答欄のその番号にマークしてください。(配点 10)

Aujourd'hui, le jeûne* est assez à la mode en France. (1), il y a toujours une vingtaine de stagiaires** dans le centre de jeûne de Gordes, un petit village du sud de la France. On ne mange rien de solide pendant une ou deux semaines, on se promène quatre à cinq heures par jour et on paie pour cela : voilà bien un jeûne moderne. Une semaine dans ce centre ne coûte que 500 euros, mais cela (2) 2 000 euros dans d'autres endroits.

La surprise, c'est que la plupart des stagiaires ne sont pas si gros. (3), ils sont plutôt minces. Leur but n'est pas de perdre du poids mais de retrouver la santé et la paix intérieure. Gaston, 60 ans, directeur d'une banque, dit : « Si je viens ici pour la cinquième fois, (4) pour devenir mince. Quand je fais un jeûne, je me sens vide et vif. Et ça me rend les idées plus claires. »

En France, quelques médecins commencent à soutenir ce mouvement. Dans certains cas, ils le conseillent même à leurs patients*** : le corps « se répare » par le jeûne et, (5), certaines maladies peuvent guérir.

* jeûne : 断食《だんじき》

** stagiaire : 受講者

*** patient : 患者

(1) ① En effet
② Mais en fait
③ Par hasard

(2) ① coûte seulement
② permet de gagner
③ peut monter jusqu'à

(3) ① Au contraire
② Au plus
③ Et pourtant

(4) ① ce n'est pas
② ce n'est que
③ c'est surtout

(5) ① ainsi
② malgré cela
③ malheureusement

（解説・解答 ▶ p.153）

6　次の文章を読み、右のページの (1) ～ (6) について、文章の内容に一致する場合は解答欄の ① に、一致しない場合は ② にマークしてください。(配点　12)

Dès son enfance, Camille Doré s'intéressait aux fleurs, aux plantes et à leurs odeurs. Mais elle ne savait pas que le métier de parfumeur* existait. À 16 ans, le père d'une amie lui a parlé d'une nouvelle école où l'on apprenait à créer des parfums. Elle a tout de suite compris que c'était ce qu'elle voulait faire. Elle s'y est donc inscrite.

Dans cette école, on enseigne d'abord aux élèves à sentir correctement les odeurs. S'ils font les exercices indiqués, ils auront un odorat** plus développé. Mais pour devenir parfumeur, il faut encore des connaissances en sciences naturelles, de la patience et beaucoup d'idées.

Après ses études, Camille a été engagée par Isabelle Laurent, qui venait de créer sa propre société. Isabelle Laurent est une des premières femmes dans cet univers longtemps occupé par les hommes. Parfois les deux parfumeuses se racontent l'histoire d'un paysage, d'une fleur, d'un rêve... Cela leur permet de trouver des idées de nouveaux parfums. Tous les parfums de la société sont nés de leur travail en commun. « Averse de Printemps » est leur parfum le plus réussi.

* parfumeur (euse) : 調香師・香水創作者
** odorat : 嗅覚

(1) Depuis qu'elle était toute petite, Camille rêvait de devenir parfumeuse.

(2) Camille est entrée dans une école dont le père d'une amie lui avait parlé.

(3) Dans l'école où Camille est allée, les élèves apprennent à former leur odorat.

(4) Pour devenir parfumeur, seul l'odorat est important.

(5) À l'époque où Isabelle Laurent a commencé à travailler, les femmes étaient rares dans le monde des parfumeurs.

(6) « Averse de Printemps » est le nom d'un parfum créé par Camille et Isabelle Laurent.

(解説・解答 ▶ p.156)

7　次の会話を読み、(1) ～ (5) に入れるのにもっとも適切なものを、それぞれ右のページの ① ～ ③ のなかから 1 つずつ選び、解答欄のその番号にマークしてください。(配点　10)

Julie : Tu ne voudrais pas venir chez moi samedi soir ?

Patrice : Mais si. (1) ?

Julie : Oui, j'ai invité Anne et Marie. Nous pourrions passer la soirée ensemble.

Patrice : Anne et Marie, (2) ? Je ne les ai pas vues depuis trois ans.

Julie : Elles travaillent toutes les deux dans une banque.

Patrice : Je serai heureux de les revoir.

Julie : Elles aussi, (3). Au fait, pour la soirée, j'aimerais que chacun apporte un plat et une bouteille de vin.

Patrice : Une bouteille de vin, (4). Mais un plat... Ça me paraît difficile. Je n'ai jamais fait que des plats très simples !

Julie : (5) ! L'important, c'est de nous revoir et de nous amuser !

(1) ① Tu n'as rien à faire
② Tu organises quelque chose
③ Tu veux que je t'accompagne

(2) ① de qui parles-tu
② on se connaît
③ qu'est-ce qu'elles font maintenant

(3) ① ça leur est égal
② j'en doute
③ j'en suis certaine

(4) ① ça va
② c'est trop cher
③ incroyable

(5) ① Aucun problème
② C'est grave
③ Tu es magnifique

(解説・解答 ▶ p.158)

2019年度春季
実用フランス語技能検定試験
聞き取り試験問題冊子　〈準 2 級〉

書き取り・聞き取り試験時間は、 11 時 35 分 から 約 25 分 間

先に書き取り試験をおこないます。解答用紙表面の書き取り試験注意事項をよく読んでください。書き取り試験解答欄は裏面にあります。

この冊子は指示があるまで開かないでください。

◇**筆記試験と書き取り・聞き取り試験の双方を受験しないと欠席になります。**

◇問題冊子は表紙を含め 4 ページ、全部で 2 問題です。

書き取り・聞き取り試験注意事項

1　途中退出はいっさい認めません。

2　書き取り・聞き取り試験は、CD・テープでおこないます。

3　解答用紙の所定欄に、**受験番号**と**カナ氏名**が印刷されていますから、まちがいがないか、**確認**してください。

4　CD・テープの指示にしたがい、中を開いて、日本語の説明をよく読んでください。フランス語で書かれた部分にも目を通しておいてください。

5　解答はすべて別紙の書き取り・聞き取り試験解答用紙の解答欄に、**HB または B の黒鉛筆**（シャープペンシルも可）で記入またはマークしてください。ボールペンや万年筆等でマークした解答は機械による読み取りの対象とならないため、採点されません。

6　問題内容に関する質問はいっさい受けつけません。

7　**携帯電話等の電子機器の電源はかならず切って、かばん等にしまってください。**

8　**時計のアラームは使用しないでください。**

9　この試験問題の複製（コピー）を禁じます。また、この試験問題の一部または全部を当協会の許可なく他に伝えたり、漏えいしたりすることを禁じます（インターネットや携帯サイト等に掲載することも含みます）。

書き取り・聞き取り試験

書き取り試験

注意事項

フランス語の文章を、次の要領で4回読みます。全文を書き取ってください。

- 1回目、2回目は、ふつうの速さで全文を読みます。内容をよく理解するようにしてください。
- 3回目は、ポーズをおきますから、その間に書き取ってください（句読点も読みます）。
- 最後に、もう1回ふつうの速さで全文を読みます。
- 読み終わってから2分後に、聞き取り試験にうつります。
- 数を書く場合は、算用数字で書いてかまいません。（配点　12）

［音声を聞く順番］ ⓯→⓯→⓰→⓯

（解説・解答 ▶ p.161）

聞き取り試験

1

- まず、Monique と Julien の会話を聞いてください。
- つづいて、それについての5つの質問を読みます。
- もう1回、会話を聞いてください。
- もう1回、5つの質問を読みます。1問ごとにポーズをおきますから、その間に、答えを解答用紙の解答欄にフランス語で書いてください。
- それぞれの（　　）内に1語入ります。
- 答えを書く時間は、1問につき10秒です。
- 最後に、もう1回会話を聞いてください。
- 数を記入する場合は、算用数字で書いてください。

（メモは自由にとってかまいません）（配点　8）

［音声を聞く順番］ ⓱→⓲→⓱→⓳→⓱

(1) Elle se trouve à côté du (　　　).

(2) Elle vend des (　　　) qu'elle ramène de ses voyages en Asie et en (　　　).

(3) Elle a acheté deux cuillères en (　　　) et une (　　　) en argent.

(4) Non, il y avait très (　　　) de clients, parce que sa boutique n'est pas encore très (　　　).

(5) Non, elle est fermée le (　　　).

(解説・解答 ▶ p.162)

2

- まず、Sophie の話を 2 回聞いてください。
- 次に、その内容について述べた文 (1) ～ (10) を 2 回通して読みます。それぞれの文が話の内容に一致する場合は解答欄の ① に、一致しない場合は ② にマークしてください。
- 最後に、もう 1 回 Sophie の話を聞いてください。
（メモは自由にとってかまいません）（配点　10）

［音声を聞く順番］ ⓴ → ⓴ → ㉑ → ㉑ → ⓴

(解説・解答 ▶ p.165)

2 次 試 験

試験方法

○ 2 次試験は個人面接です。（面接時間：約 5 分）
○係員の指示で、ひとりずつ面接室に入ります。
○入室したら面接委員が着席するよう日本語で指示します。
○着席すると、面接委員が受験者の名前と受験級を日本語で確認します。
○次に面接委員が、フランス語の文とイラストがある「問題カード」をわたし、黙読するように指示します。黙読の時間は 1 分間です。このとき、イラストもよく見ておいてください。
○黙読が終わると、次に音読するように指示されます。よく聞こえるように読んでください。
○音読が終わると、面接委員が「問題カード」の文の内容およびイラストに関してフランス語で 5 つの質問をしますから、フランス語で答えてください。答える際に「問題カード」を見てもかまいません。
○質問が終わると、面接委員がその旨を告げますから、「問題カード」を面接委員にかえして退室します。

＊注意＊　試験入室前に携帯電話等の電子機器の電源を切ってください。

2019年度春季実用フランス語技能検定試験　準2級2次試験

問題カードA

㉒

Manon étudie la peinture à l'Université de Lyon. Le week-end, elle va souvent dans un musée près de son appartement, et elle y passe beaucoup de bons moments. Elle voudrait y travailler un jour.

問題カードA

A (2019年度春季)

㉓

Question 1 : Où est-ce que Manon étudie la peinture ?

Question 2 : Quand Manon va au musée ?

Question 3 : Il y a combien de tableaux sur le mur ?

Question 4 : Dans le tableau du milieu, qu'est-ce qu'on voit ?

Question 5 : L'homme à droite, qu'est-ce qu'il porte sur le dos ?

(解説・解答例 ▶ p.171)

2019年度春季実用フランス語技能検定試験　準2級2次試験

問題カードB

㉔

Nina travaille dans une usine de fromage. Chaque jour, vingt-cinq mille litres de lait arrivent dans cette usine. Aujourd'hui, les élèves d'une école l'ont visitée avec leurs parents. Nina leur a montré des machines.

問題カードB

B （2019 年度春季）

㉕

Question 1 : Nina travaille où ?

Question 2 : Combien de litres de lait arrivent dans cette usine chaque jour ?

Question 3 : Le garçon à gauche, qu'est-ce qu'il a à la main gauche ?

Question 4 : Il y a un homme à droite. Qu'est-ce qu'il regarde ?

Question 5 : Quelle heure est-il ?

（解説・解答例 ▶ p.173）

2019年度春季準2級

2019年度春季試験の準2級出願者数は、1次試験免除者数44名を合わせて1503名、実受験者数は1288名でした。1次試験の平均点は61点（満点100点）、合格基準点は56点、合格者は800名、合格率は62.1%でした。前年度春季と比較すると、平均点は同じ、合格基準点は1点下がりましたが、ほぼ例年どおりといえるでしょう。

2次試験の受験者は、1次試験免除者44名をふくめた807名で、合格基準点は18点（満点30点）、合格者数は661名、最終合格率は51.0%でした。

出題内容のあらまし

1次［筆記］

1. 前置詞（穴うめ・選択）
2. フランス語文の完成（和訳つき／穴うめ・記述）
3. フランス語文の完成（動詞を選択活用／穴うめ・記述）
4. 対話文完成（穴うめ・選択）
5. 長文完成（最新のフランス式断食／穴うめ・選択）
6. 長文読解（香水を創る「調香師」／内容一致・選択）
7. 会話文完成（ホームパーティーへの誘い／穴うめ・選択）

［書き取り］（聞き取りと合わせて約25分）

平易な短い文章の書き取り（友人と釣りに出かけて船酔い）

［聞き取り］

1. 会話文の聞き取り（友人が新しく開いた店／仏問仏答完成／穴うめ・記述）
2. 長文聞き取り（のどを痛めて活動を休止した歌手／内容一致・選択）

2次［面接］

個人面接方式。面接委員の指示にしたがって、フランス語の文章を音読し、フランス語の質問にフランス語で答える。試験時間は約5分。

1 次 試 験

筆記試験

解説・解答

1 **解説** フランス語の文の（　　）内に入れるのにもっとも適切な前置詞を6つの選択肢から選ぶ問題です。問題数は4、配点は各問2点、合計8点です。

以下、正答を入れたフランス語の文に日本語訳を添えて解説していきます。

(1) Ce médicament est (sans) danger.「この薬は危険がない」。「～のない、～なしに」を意味するsansが正解です。sansはこのように冠詞なしの名詞をしたがえることがあります。sortir sans argent「お金をもたずに出かける」、boire son café sans sucre「砂糖を入れずにコーヒーを飲む」、boisson sans alcool「ノンアルコール飲料」などにも同じsansの使い方が見られます。また、sansには不定詞をともなって、「～せずに」を表わす用法もあります。たとえば、sans dire un mot「ひと言も言わずに」、entrer sans frapper「ノックせずに（部屋に）入る」のように用いられます。得点率は4問中1番高く、55%でした。

(2) Là-bas, tu trouveras un magnifique jardin (à) la française.「あそこには見事なフランス式庭園がありますよ」。〈à la＋形容詞の女性・単数形／固有名詞〉で「～式の、～風に」というような意味になります。これはà la manière (de) ... の manière (de) が省略されたもので、vivre à l'américaine「アメリカ式の生活をする」、chapeau à la Napoléon「ナポレオン風の帽子」のように使います。得点率は33%でした。

(3) On doit changer (de) train à Shinjuku.「新宿で乗りかえなければならない」。ここで問われているのは〈changer＋de＋無冠詞名詞〉「～を（同種の別のものに）変える」という表現です。changer de profession「職を変える」、changer de vêtements「着替える」のように使います。changer A en B「AをBに変える」と区別しましょう。得点率は51%でした。

(4)　(Avec) cette pluie, les avions ne peuvent pas partir.「この雨では飛行機は出発できない」。このavecの用法は、「理由・原因」を表わすものです。avecは、基本的には何かが付随している様態を表わします。現在の状況にはこの雨がともなっている、だから飛行機は出発できない、と考えれば、「付随しているもの」が「理由」になることがわかるでしょう。ちなみに、この用法の場合は、文頭に置かれることが多いようです。得点率は4問中もっとも低く、30%でした。

全4問の平均得点率は42%で、2018年度秋季とくらべて4ポイント下がっています。前置詞は数が限られていますので、それぞれの前置詞のいずれの用法も辞書に載っている例文とともに覚えていくことがかんじんです。日ごろの勉強で気になった用法は、そのつどかならず辞書で確認する習慣をつけましょう。

解答　(1) ⑤　　(2) ①　　(3) ③　　(4) ②

2　**解説**　下に示された日本語に対応させる形で、フランス語の文に欠落している語をおぎなう記述式の問題です。問題数は5、配点は各問2点、合計10点です。

以下、正答を入れたフランス語の文に日本語訳を添えて解説していきます。

(1)　(Comment) faire ?「どうしようか」。〈Comment ＋不定詞〉「どうやって〜しよう」には、ほかにComment dire ?「どう言えばいいのだろう」のような表現もあります。いずれも日常会話でよく使われます。誤答として多かったのは、*Comme*、*Ça* などですが、*Common*、*Commen* など、不完全であれ表現自体は知っていると考えられる誤答も散見しました。得点率は比較的高く、64%でした。

(2)　De toute (façon), elle ne sera pas d'accord.「いずれにしても、彼女は賛成しないだろう」。これは日常会話できわめてひんぱんに使われる表現ですが、得点率は45％にとどまりました。誤答として多かったのは、*fait*、*fois*、*faire*でした。*façons*と複数形にした誤答も散見しましたが、ここではtouteと単数形になっていることに注意しましょう。ちなみにde toutes les façonsは「あらゆる仕方で」という意味です。

(**3**) D'(habitude), il rentre à la maison à 18 heures.「ふだん彼は18時に帰宅する」。日常生活でよく見聞きする表現です。誤答としてめだったのは*heure*でしたが、*habitute*、*habbitude*など、表現自体はおそらく知っていながらつづりをまちがえたものもありました。なお、comme d'habitude「いつものように」という表現もあります。あわせて覚えておきましょう。得点率は59％でした。

(**4**) Moi, je m'appelle Paul Benoît, (enchanté) !「私はポール・ブノワです、はじめまして」。これは、Je suis enchanté de faire votre connaissance.「あなたとお知り合いになれてうれしいです」を省略した形と考えればよいでしょう。誤答のなかでは、*enchantée*というひじょうに惜しいまちがいがめだちました。話しているのはポール・ブノワ、つまり男性なので、形容詞enchantéも男性形にしておく必要があります。ほかにも*enchante*、*enchaté*、*enchenté*など、問われている表現をうろ覚えしていると思われるものが多く見うけられました。得点率は5問中1番高く、66％でした。

(**5**) (Pourquoi) pas ?「いいんじゃないの」。解答を思いつくのが困難だったことが、*Possible*、*Puis*、*Peux*、*Pouvez*などの多様な誤答からうかがわれます。そのほか、*Pour-quoi*、*Pourqoui*、*Purqoi*といったつづりのまちがいも見られました。pasには、副詞（句）とともに、Absolument pas.「もちろんちがうよ、全然、とんでもない」、Pas tellement.「それほどでもない」のような表現もあります。得点率は63％でした。

全5問の平均得点率は59％で、2018年度秋季とくらべて6ポイントほどあがりました。空欄に入れるべき語は、名詞に限らず、動詞、形容詞、副詞などさまざまですが、どれも日本語からは想像しにくいものばかりです。日ごろから、なるべく多くの会話表現・定型表現を覚え、アクサン記号もふくめて正確につづれるように練習しておくことが重要です。

解答　(1) Comment　(2) façon　(3) habitude
(4) enchanté　(5) Pourquoi

3　**解説**　提示されたフランス語文とほぼ同じ意味になるフランス語文を完成させる問題です。完成させるべき文の空欄に、下にあたえられた 7 つの動詞から適合するものをひとつ選び、法や時制も考慮して、適切な形に変化させます。記述式の問題で、問題数は 5、配点は各問 2 点、合計 10 点です。

A の文に日本語訳を付したうえで解説していきます。

(1)　**A**　Avant, cet enfant bougeait tout le temps.「この子は以前、絶えず動きまわっていた」。**A** の文では、tout le temps「絶えず」という表現が用いられています。**B** の文では、「けっして〜ない」を意味する否定の表現 ne ... jamais が用いられています。つまり、**A** と **B** の文はそれぞれ肯定文と否定文で、同じ文意になっていればよいわけです。したがって、bouger「動く、動きまわる」の反意語にあたる表現を選びます。**B** の文では空欄のうしろが tranquille「物静かな、おとなしい」という形容詞になっています。tranquille は、主語 cet enfant の性質を表わす属詞です。主語の属詞をともなう動詞は、選択肢のなかでは〈rester ＋属詞〉「(状態に) とどまる」だけです。意味も rester tranquille「じっとしている」となり、ぴったりです。時制の見きわめにむずかしさはなく、**A** の文に合わせて半過去にすれば、正解 restait が得られます。この問題の誤答として、正しい動詞を選んでおきながら、*resteait* や *reste* など半過去の活用をまちがえたり、適切な時制にしていないものもありましたが、*savait*、*rendait*、*évitait* など、そもそも動詞の選択をまちがえている誤答がめだちました。なお、形容詞をともなう動詞には、rendre もありますが、rendre は〈rendre A ＋形容詞〉「A を〜にする」で直接目的補語を必要としますから、ここには入りません。得点率は 33% でした。

(2)　**A**　C'est bientôt le jour du départ.「もうすぐ出発の日だ」。**B** の文では主語が Le jour du départ になっていますから、「近づく」という意味をもつ動詞が入ることは、すぐにわかるでしょう。選択肢のなかでは approcher がこれにあたります。現在形に正しく活用させれば正解です。得点率は 5 問中

1 番高く、60%でした。

(3)　**A**　Il faudra seulement une heure pour terminer ce travail.「この仕事を終わらせるには 1 時間しかかからないだろう」。**B** の文では、Une heure が主語になっています。seulement にあたる語がないので、空欄に入れるのは、そうしたニュアンスをふくみ、直接目的補語をとらない動詞、suffire「十分である、足りる」であることがわかります。単純未来形に正しく活用させれば正解です。誤答としては、正しい動詞を選んでおきながら、*suffit* という現在形を書いたものがありました。*restera*、*rendra*、*approchera*、*évitera* など、動詞の選択をまちがえた誤答もめだちました。Cela ne suffit pas.「それでは不十分だ」、Ça suffira pour aujourd'hui.「きょうのところはこれで十分だ」、Ça suffit !「もうたくさんだ」などは日常会話でもよく使われる表現です。覚えておきましょう。得点率は 26%でした。

(4)　**A**　Il habite à Paris depuis l'année dernière.「彼は去年からパリに住んでいる」。**B** の文では（　　　）のうしろが、depuis l'année dernière ではなく、l'année dernière となっています。「去年から住んでいる」ということは「去年居を構えた」ということですから、動詞 s'installer「～に身を落ちつける、居を構える」を選び、時制は複合過去にします。s'est installé が正解です。*s'installe* という直説法・現在形を書いた誤答が多くありました。**A** の文と **B** の文とで時制を変えなければならないので、多少むずかしい問題ではあります。ただ、habiter「居住する」とことなり、s'installer は複合過去形におかないと、「身を落ちつけている、住んでいる」状態を示すことができないので、やはり時制は現在完了を表わす複合過去にしなければなりません。そのほか *s'a installé*、*est s'installé* など、代名動詞の複合過去を正しく作れていない誤答が多いのが気になります。

代名動詞の複合過去を作るには、助動詞に être を使い、再帰代名詞と動詞（過去分詞）の間に置きます。たとえば、Il se lave.「彼は自身（の体）を洗う」を複合過去にすると、Il s'est lavé. となります。その否定文は、Il ne s'est pas lavé. です。なお、このように、代名動詞の時制が複合過去で、かつ再帰代名詞が直接目的補語になっている場合、過去分詞は直接目的補語（＝主語）と性・数一致させます。したがって、Elle s'est lavée. / Ils ne se sont pas lavés. のようになります。ただし、再帰代名詞が間接目的補語になっている場合、性・数一致はしません。Elle s'est lavé les cheveux.「彼女は（自分の）髪を洗った」では、s'(se) は間接目的補語、les cheveux は直接目的補語とみなされるので、主語が女性であっても、過去分詞の末尾に e を付けることはありません。かなり複雑ではありますが、準２級レベルでは知っておきたい文法事項です。この問題では、主語 Il に合わせて、過去分詞 installé に e も s も付けない形で、男性・単数を表わしているわけです。

得点率は 19％でした。

(5) **A** Mon père veut me cacher la vérité.「父は私に真実を隠したがっている」。**B** の文の主節で用いられている vouloir は、désirer や souhaiter などとともに「願望」を表わす動詞で、従属節内の動詞は接続法になることを、まずおさえておきましょう。従属節内の内容を考えると、**A** の文の me cacher la vérité「私に真実を隠す」と反対の意味になる表現、つまり「私が真実を知る」という文を作る必要があります。la vérité は空欄に入るべき動詞の直接目的補語ですから、空欄には動詞 savoir「知る」の接続法・現在形 sache が入ります。接続法の基本的な用法が問われているにもかかわらず、*sais* という直説法・現在形を書いた解答が多くありました。どのようなときに動詞を接続法にするのか、もう１度よく見なおしておきましょう。また、おそらく接続法だとわかっている場合でも、*save*、*savoie* など、正しく活用できていない誤答がめだちました。結果として得点率はふるわず、11％でした。

全５問の平均得点率は 30％で、2018 年秋季とくらべて１ポイントほどあがりました。適切な動詞を選択できていて、時制も正しく見きわめられているのに、活用の段階でまちがえてしまう答案も多く見うけられました。正しく書く練習に力を入れるようにしてください。

解答 (1) restait　(2) approche　(3) suffira　(4) s'est installé　(5) sache

4 **解説** 対話文の空欄に入るもっとも適切な疑問代名詞、関係代名詞、不定代名詞、疑問形容詞、不定形容詞などを、下の７つの選択肢から選ぶ問題です。問題数は 5、配点は各問 2 点、合計 10 点です。

空欄をおぎなう形で日本語訳を付しながら、解説していきます。

(1) Je ne veux pas faire ce que fait mon père.「父親がしていることをしたくない」と言うのをうけて、相手は (　　) veux-tu devenir, alors ?「それじゃ、何になりたいの」と尋ねています。devenir のあとにくるべき属詞がないので、空欄には属詞が入りそうだと予想されます。しかも空欄は倒置疑問文の文頭、動詞の直前にありますから、疑問代名詞の⑦ que が正解となります。今回は選択肢に quoi がありませんでしたが、que と quoi の使い方を混同しないように注意しましょう。疑問代名詞の que は動詞の直前でしか用いることができません。動詞のあとや、前置詞のあと、また単独で用いる場合は、que のかわりに quoi を用いて、C'est quoi ?「それは何」のように使います。なお、しばらく会わなかった人へのあいさつとして、Que devenez-vous ? / Qu'est-ce que vous devenez ?「その後お変わりありませんか？」という表現がありますから、この機会に覚えておきましょう。得点率は33％でした。

(2) La construction d'une nouvelle usine coûterait très cher.「新しい工場の建設はひじょうに高くつくだろう」と言うのをうけて、相手は C'est la raison pour (　　) je m'oppose à ce projet.「それで私はこの計画に反対しているんだ」と応じています。まず、空欄の前後の部分が、la raison を先行詞として関係代名詞でつながれている構文だということが見てとれます。空欄には、前置詞とともに用いることができ、女性・単数の名詞をうける関係代名詞⑤ laquelle が入ります。raison「理由」という名詞は、la raison pour laquelle elle est partie「彼女が立ち去った理由」、Pour quelle raison n'est-elle pas venue ?「どんな理由で彼女は来なかったのですか」のように使われることがよくあります。ちなみに、C'est la raison pour laquelle...「そんなわけで～」という言い回しは、日常会話でもよく用いられます。定型表現として覚えておくとよいかもしれません。得点率は56％でした。

(3) Marie a beaucoup changé depuis son mariage ?「結婚してマリはすっかり変わってしまった？」という問いに対して、相手は Pas du tout. Elle reste toujours (　　).「いや、全然。あいかわらず昔のままだよ」と答えています。動詞 rester は属詞をともないますが、選択肢のなかで属詞の働きをしうるのは que と la même だけです。que は疑問代名詞と考えられますから、ここにはうまくあてはまりません。la même「同じ人（女性）」は意味もぴったりです。④ la même が正解となります。même は定冠詞とともに用いて「同じ人、同じもの」を表わし、Cela revient au même.「それは結局同じことだ」のように使われます。この問題は大変できがよく、得点率は設問中で最高の 89％でした。

(4) Tout le monde est là ?「みんないますか？」と聞かれて、Non, (　　) manque Marion et Élodie.「いいえ、マリオンとエロディがいません」と答えています。空欄が主語の位置にあること、また manquer「足りない」という動詞は非人称構文をとれることから、正解は ③ il です。非人称主語の il に関しては、〈il arrive（à＋人）＋物事〉「（人に）～が生じる、起こる」や〈il reste（à＋人）＋物事〉「（人に）～が残っている」という表現もおさえておきましょう。得点率は 70％とよくできていました。

(5) Tu as aimé mon cadeau ?「私のプレゼント、気に入った？」という問いに対して、相手は Oh oui ! C'est exactement ce (　　) j'avais besoin.「ええ、まさに私が必要としていたものよ」と答えています。まず、空欄の前後の部分が、ce を先行詞として関係代名詞でつながれている構文だということが見てとれます。〈avoir besoin de＋名詞／不定詞〉「～（すること）が必要である」という表現をおさえておきましょう。先行詞である ce と関係節の j'avais besoin は de を介してつながりますから、de をふくむ関係代名詞、② dont が正解です。得点率は 47％でした。

全 5 問の平均得点率は 59％で、2018 年度秋季とくらべて 7 ポイント下がりました。この問題で出題の対象となる語は限られていますから、それぞれの用法について、整理しておくとよいでしょう。

解答　(1) ⑦　(2) ⑤　(3) ④　(4) ③　(5) ②

5　**解説**　長文中の空欄に入れるのにもっとも適切な語句を、それぞれ 3 つの選択肢のなかから選ぶ問題です。問題数は 5、配点は各問 2 点、合計 10 点です。

今回は「フランスの断食」の話です。文脈をたどりながら、順に解説していきます。

第1段落では、Aujourd'hui, le jeûne est assez à la mode en France.「昨今、断食はフランスでかなり流行している」とテーマが導入されたあと、(1), il y a toujours une vingtaine de stagiaires dans le centre de jeûne de Gordes, un petit village du sud de la France.「(1)、フランス南部の小さな村ゴルドの断食センターには、いつも約20人の受講者がいる」とつづきます。第2文が第1文で言われている主張を裏づける事実を示しているのがわかるでしょう。(1) の選択肢のうち、② Mais en fait「しかし実際には」は先に述べたことと対立する内容を述べる場合に用いる表現ですし、③ Par hasard「偶然に」は、前後の文の内容に明らかな論理関係が認められる以上、やはりつじつまが合いません。理由や根拠を表わす① En effet「というのも、実際〜だから」が正解となります。得点率は84%でした。

第1段落の第3文では、On ne mange rien de solide pendant une ou deux semaines, on se promène quatre à cinq heures par jour et on paie pour cela : voilà bien un jeûne moderne.「1〜2週間、固形食をなにもとらず、毎日4〜5時間散歩をしてそのために料金を支払う、まさにこれが最新の断食である」と、断食の講習の内容が説明されています。このあと空欄をふくむ次の1文がきます。Une semaine dans ce centre ne coûte que 500 euros, mais cela (2) 2 000 euros dans d'autres endroits.「このセンターでは1週間500ユーロしかかからないが、よそでは2000ユーロ (2)」と、受講料について話が展開されています。① coûte seulement を入れて「2000ユーロだけかかる」としても、② permet de gagner を入れて「2000ユーロ稼ぐことを可能にする」としても、逆接の接続詞 mais にかんがみると、内容的にしっくりきません。ここは、③ peut monter jusqu'à を入れて、「2000ユーロにのぼることもありうる」とするのが正解です。得点率は61%でした。

第2段落冒頭には、La surprise, c'est que la plupart des stagiaires ne sont pas si gros.「驚いたことには、大部分の受講者はそれほど太っていない」とあり、次の1文に空欄がふくまれています。(3), ils sont plutôt minces.「(3)、むしろほっそりしている」。ここに入るのは、① Au contraire「反対に、それどころか」です。② Au plus「せいぜい、たかだか」、③ Et pourtant「それでも」は第1文と第2文との間に入るつなぎのことばとして不適切です。ne sont pas si gros と plutôt minces の意味を考慮すると、やはり①が適切ということになります。得点率は53%でした。

次の、Leur but n'est pas de perdre du poids mais de retrouver la santé et la paix intérieure.「受講者たちの目的は体重を減らすことではなく、健康と精神的な安らぎを取りもどすことにある」につづいて、このセンターの受講者のひとり、Gaston の発言が紹介されています。第 4 の空欄はその発言のなかにあります。Gaston, 60 ans, directeur d'une banque, dit : « Si je viens ici pour la cinquième fois, (　4　) pour devenir mince. Quand je fais un jeûne, je me sens vide et vif. Et ça me rend les idées plus claires. »「ある銀行の支店長をしている 60 歳の Gaston は、『ここに来るのは 5 回目ですが、(　4　)。断食をすると自分が空《くう》になり、生き生きしていると感じるのです。そしてそれが私により明瞭な思考を取りもどさせるのです』と言っている」。この発言は、断食の精神的な効用を述べているわけですから、① ce n'est pas「それは細くなるためではありません」を入れるしかありません。② ce n'est que「それは細くなるためでしかありませ」、③ c'est surtout「それはとくに細くなるためです」はいずれも文章の内容と矛盾してしまいます。得点率は 58%でした。

最後の空欄は、第 3 段落の最後の文の後半部分にあります。En France, quelques médecins commencent à soutenir ce mouvement. Dans certains cas, ils le conseillent même à leurs patients : le corps « se répare » par le jeûne et, (　5　), certaines maladies peuvent guérir.「フランスでは何人かの医者がこの動きを支援し始めている。あるケースでは、医者は患者に断食をすすめさえする。というのも、体が断食によって『修理され』、(　5　)、いくつかの病気は治ることもあるからだ」の箇所です。これは空欄の前とうしろの部分の内容がどのような関係にあるかを問う問題です。「体は断食によって『修理される』」、そうすると「いくつかの病気は治ることもある」と考えるのが自然です。② malgré cela「それにもかかわらず」は前の部分と対立関係にあることを示す表現ですし、③ malheureusement は「不幸にも」という意味ですから、いずれも文脈に沿いません。結論をみちびくことができる① ainsi「そういうわけで、そうすると、その結果」が正解になります。得点率は 59%でした。

この設問の平均得点率は 63%で、2018 年度秋季とくらべて 2 ポイント下がりました。文章を 1 文 1 文ばらばらに読むのではなく、文と文とをつなぐ接続詞や副詞に注意をはらいながら、文意の流れや論旨を確認すれば、正しい答えをみちびくことができるでしょう。

解答 (1) ①　(2) ③　(3) ①　(4) ①　(5) ①

6 **解説** 長文を読み、その内容について述べた文が、長文の内容に一致するか否かを判断する問題です。選択式問題で、内容について述べた文は6つ、配点は各問2点、合計12点です。

今回は、子どものころには調香師という職業があることすら知らなかったCamilleが、香水創作者として成長する話です。

内容について述べた(1)～(6)の文を長文中の各文と対応させ、日本語訳を付けながら解説していきます。

(1) Depuis qu'elle était toute petite, Camille rêvait de devenir parfumeuse.「Camilleはとても幼いころから、調香師になることを夢見ていた」。本文の冒頭の文、Dès son enfance, Camille Doré s'intéressait aux fleurs, aux plantes et à leurs odeurs.「子どものころからすでに、Camille Doréは花や草木やそれらの香りに関心をもっていた」につづいて、Mais elle ne savait pas que le métier de parfumeur existait.「しかし彼女は調香師という職業があることは知らなった」とありますから、内容に一致しません。得点率は94%でした。

(2) Camille est entrée dans une école dont le père d'une amie lui avait parlé.「Camilleは友だちの父親が彼女にその話をしてくれた学校に入った」。これに関しては、第1段落の後半部に、À 16 ans, le père d'une amie lui a parlé d'une nouvelle école où l'on apprenait à créer des parfums. Elle a tout de suite compris que c'était ce qu'elle voulait faire. Elle s'y est donc inscrite.「16歳のときに、友だちの父親が彼女に香水を創ることを学ぶ新設の学校の話をしてくれた。彼女はすぐにそれが自分のやりたいことだとわかった。そこで彼女はその学校に登録した」とありますので、内容に一致します。得点率は97%でした。

(3) Dans l'école où Camille est allée, les élèves apprennent à former leur odorat.「Camilleが行った学校では、生徒は嗅覚を鍛えることを学ぶ」。これに関しては、第2段落の第1文と第2文に、Dans cette école, on enseigne d'abord aux élèves à sentir correctement les odeurs. S'ils font les exercices indiqués, ils auront un odorat plus développé.「その学校では、まず正確に

匂いを嗅ぐことを生徒に教える。指示された訓練をすれば、生徒たちはより発達した嗅覚を手に入れられる」とあります。cette école は Camille が「登録をした学校」を指しますので、内容に一致します。「より発達した嗅覚を手に入れる」という表現と、「嗅覚を鍛える」という表現をそれぞれ十分に理解できなかったからでしょうか、得点率はやや低めの 74％でした。

(4) Pour devenir parfumeur, seul l'odorat est important.「調香師になるには、嗅覚だけが重要である」。これに関しては、第 2 段落の第 3 文に、Mais pour devenir parfumeur, il faut encore des connaissances en sciences naturelles, de la patience et beaucoup d'idées.「しかし調香師になるためには、さらに自然科学に関する知識と忍耐力と多くのアイディアが必要です」とあります。嗅覚だけが重要なわけではなく、encore「そのうえ」必要なものがあるということなので、内容に一致しません。得点率は 91％でした。

(5) À l'époque où Isabelle Laurent a commencé à travailler, les femmes étaient rares dans le monde des parfumeurs.「Isabelle Laurent が働き始めたころ、調香師の世界で女性はめずらしかった」。これに関しては、第 3 段落の第 2 文に書かれていますが、Camille と Isabelle　Laurent との関係がわかるように、第 1 文から読んでいきましょう。Après ses études, Camille a été engagée par Isabelle Laurent, qui venait de créer sa propre société. Isabelle Laurent est une des premières femmes dans cet univers longtemps occupé par les hommes.「学校を卒業すると、Camille は Isabelle Laurent に雇われた。Isabelle Laurent は自分の会社を創ったばかりだった。Isabelle Laurent は長いこと男性によって独占されていたこの世界ではパイオニアの女性のひとりである」とあります。cet univers「この世界」とは、調香師の世界を指しますから、本文の内容に一致しています。得点率は 81％でした。

(6) « Averse de Printemps » est le nom d'un parfum créé par Camille et Isabelle Laurent.「『春の驟雨』は Camille と Isabelle Laurent によって創りだされた香水の名前である」。これに関しては、第 3 段落の最後の文に書かれていますが、全体の流れがわかるように、第 3 文から読んでいきましょう。Parfois les deux parfumeuses se racontent l'histoire d'un paysage, d'une fleur, d'un rêve... Cela leur permet de trouver des idées de nouveaux parfums. Tous les parfums de la société sont nés de leur travail en commun. « Averse de Printemps » est leur parfum le plus réussi.「ときどき、ふたりの調香師は景色や花や夢などの話を語り合う。それはふたりが新しい香水のアイディアを見つけるのに役立つ。Isabelle Laurentの会社のすべての香水はふたりの共同作業から生まれた。『春の驟雨』はCamilleとIsabelle Laurentによって創りだされた香水のなかでもっとも成功した香水である」とありますので、内容に一致します。得点率は85%でした。

この設問の平均得点率は87%で、2018年度秋季とくらべて6ポイントあがりました。

解答　(1) ②　(2) ①　(3) ①　(4) ②　(5) ①　(6) ①

7

解説 会話文の空欄にあてはまるもっとも適切な語句を、それぞれ3つの選択肢から選ぶ問題です。空欄は5つ、配点は各問2点、合計10点です。

今回は、ホームパーティーを計画しているJulieと友人のPatriceの会話です。話の筋をたどりながら順に見ていきましょう。

まず、JulieがTu ne voudrais pas venir chez moi samedi soir ?「土曜の晩、うちに来てくれない？」と誘います。するとPatriceはMais si.「いいよ」と応じたあと、(　1　) ? と質問します。それにJulieはこう答えます。Oui, j'ai invité Anne et Marie. Nous pourrions passer la soirée ensemble.「そうよ、AnneとMarieを招待したの。いっしょに土曜の晩を過ごせるんだけど」。この返答から、PatriceはJulieに土曜日の計画を尋ねていたことがわかります。したがって、空欄には② Tu organises quelque chose「何か計画しているの？」が入ります。① Tu n'as rien à faire「なにもすることがないの？」、③ Tu veux que je t'accompagne「いっしょに行こうか？」を選ぶと、いずれもJulieの答えと対応しません。Mais siのsiは否定の疑問に対する肯定の答えです。Maisは「しかし」を意味する接続詞ではなく、oui / non / siを強調する副詞です。pourrionsはpouvoirの条件法現在です。si tu venais「もしあなたが来たら」が省略されていると考えると、〈si＋直説法半過去, 条件法現在〉という構文をなしていることになります。もともとは仮定された事柄を想像する表現ですが、実際Julieは現実不可能と思っているわけではありません。ことばのうえだけ非現実のように表現して丁寧さを出していると考えればよいでしょう。ここでは勧誘や期待のニュアンスがふくまれています。得点率は75%でした。

つづきを読んでいきましょう。Patrice が、Anne et Marie, (　2　) ? Je ne les ai pas vues depuis trois ans.「Anne と Marie、(　2　)?　ふたりに会うのは3年ぶりだなあ」と返します。これもまた、直後の Julie の答えを見れば判断がつきます。Elles travaillent toutes les deux dans une banque.「ふたりとも銀行に勤めているのよ」。つまり Patrice は、Anne と Marie の近況を聞いていたことになります。ですので、選択肢の① de qui parles-tu「だれの話をしているの」と② on se connaît「知り合いだった?」はどちらもただちに除外できます。③ qu'est-ce qu'elles font maintenant「彼女たちは今、何をしているの」が正解となります。得点率は90%でした。

Patrice が Je serai heureux de les revoir.「Anne と Marie に会えるのはうれしいなあ」と言うのをうけて、Julie は、Elles aussi, (　3　).「彼女たちもよ、(　3　)」と応じます。(　3　) の選択肢のうち、① ça leur est égal「そんなことは彼女たちにとってはどうでもいい」や、② j'en doute「それはどうかしら」では、話がつながりません。正解は③ j'en suis certaine「それには確信があるわ」です。douter de ... は「～を疑う」、être certain(e) de ... は「～を確信した」という表現です。j'en suis certaine は je suis certaine de cela. ということです。cela は通常、直前の文全体をうけますが、ここでは Elles aussi 以下が省略されています。内容としては、「彼女たちも再会するのはうれしい」ということを指します。得点率は68%でした。

Julie はさらに、Au fait, pour la soirée, j'aimerais que chacun apporte un plat et une bouteille de vin.「ところで、パーティーだけど、各人が料理を1品とワインを1本持ってきてほしいの」と言います。これに対する Patrice の答えが、Une bouteille de vin, (　4　). Mais un plat... Ça me paraît difficile. Je n'ai jamais fait que des plats très simples !「ワイン1本は(　4　)。でも料理はねぇ…、むずかしそうだな。ごく簡単な料理しか作ったことがないんだよ」です。(　4　) のあとの Patrice の答えが Mais で始まっている点がヒントになるはずです。つまり、(　4　) の前後の部分には、ワインは引き受けられるけれども、料理は自信がないという流れが見えてきます。選択肢の、② c'est trop cher「高すぎる」、③ incroyable「信じられない」は除外されます。① ça va「大丈夫だ」が正解です。得点率は84%でした。

料理に関してしり込みするPatriceに対して、Julieが(　5　)! L'important, c'est de nous revoir et de nous amuser !「(　5　)!　大事なのは再会して楽しむことよ！」と答えて、会話が終了します。会話の流れから、(　5　)にはPatriceの料理に関する心配を払拭することばが入ることが推測できます。② C'est grave「それは重大ね」、③ Tu es magnifique「すばらしいわ」はいずれも不適です。① Aucun problème「まったく問題ないわ」が正解です。得点率は79%でした。

この設問の平均得点率は79%で、2018年度秋季とくらべて10ポイントあがりました。

解答　(1) ②　(2) ③　(3) ③　(4) ①　(5) ①

書き取り・聞き取り試験

解説・解答

書き取り試験

解説　友人と釣りに出かけた男性の話です。4つの文で構成されており、時制は直説法・複合過去と半過去が用いられています。リエゾンはun‿ami、son‿ami、ils‿ontの3箇所でした。得点率は53%で、おおむね例年並みのできでした。以下、誤りの多かった箇所を中心に解説していきます。

単語のつづりのまちがいでは、bateauを*bâteau*、trèsを*trés*、*tres*、*três*としたものや、débutを*debut*、*dèbut*、*desbout*、*devu*、*dévu*としたもの、ensuiteを*ensuit*、*en suite*、*on suit*、*en suit*としたものが数多くありました。とくにアクサンのついている語はいつも誤答が続出します。アクサンまできちんと書けて正しいつづりであることを肝に銘じておきましょう。

動詞のまちがいでは、第1文のest partiを*ai* parti、est *partie*、第2文のétaitを*été*、*etait*、*est*、第4文のils ont prisのils ontを*il sont*、ils *sont*、*il* ontと書いた誤答が相当数ありました。とくにétaitを*été*とした誤答がめだちましたが、文法的にありえません。書き取ったあとで、文法的に適切か、性・数一致でミスがないかどうか、かならず見なおしをする習慣をつけておいてください。

今回きわめてできの悪かった箇所が2箇所あります。1つ目は、mal au cœurの部分です。ここではavoir mal au cœur「吐き気がする」という表現が使われていますが、*malocane*、*mareco*、*malocour*、*mal cour*、*mal cœur*、*mal heure*という誤答が多数ありました。2つ目はs'est senti mieuxの部分です。ここではse sentir mieux「気分がよくなる」という表現が使われていますが、この表現そのものを知らなかったせいか、この部分が空白の答案や、動詞部分s'est sentiを*se sont*、s'est *sonti*、s'est *sont*としたり、副詞mieuxを*mieu*、*mu*などとした誤答がひじょうに多くありました。〈se sentir＋形容詞／副詞〉で「自分が～だと感じる」という意味になり、se sentir heureux「自分が幸せだと感じる」、se sentir bien「気分がいい」のように使います。

全体を通じては、アクサン記号の誤り、性・数の一致の誤り、動詞の活用形の誤りという惜しい誤答がめだちました。書き取り試験では、最後に2分間、加筆・訂正の時間があります。これらの点にとくに注意して見なおすとよいでしょう。

最後に文章全体の日本語訳を付けておきますので、参考にしてください。

「Jeanは友人と釣りに出かけた。友人の船はとても小さくて、はじめJeanは吐き気がした。しかしその後、気分がよくなった。結局彼らはたくさんの魚を釣った。」

解答 Jean est parti à la pêche avec un ami. Le bateau de son ami était très petit et au début Jean a eu mal au cœur. Mais ensuite, il s'est senti mieux. Finalement, ils ont pris beaucoup de poissons.

聞き取り試験

1

(読まれるテキスト)

Monique : Julien, tu as des nouvelles de Louise ?
Julien : Non. Tu en as, toi ?
Monique : Elle vient d'ouvrir une petite boutique à côté du lycée.
Julien : Qu'est-ce qu'elle vend ?
Monique : Elle vend des objets qu'elle ramène de ses voyages en Asie et en Afrique.
Julien : Tu as déjà acheté quelque chose ?
Monique : Oui, j'ai acheté deux cuillères en bois et une assiette en argent.
Julien : Il y avait des clients ?

Monique : C’est ça, le problème. Il y en avait très peu avant-hier, quand j’y suis passée : sa boutique n’est pas encore très connue.

Julien : Alors, j’y vais demain.

Monique : Mais demain, c’est mardi, la boutique est fermée.

（読まれる質問）

---

un : Où se trouve la boutique de Louise ?

deux : Louise, qu’est-ce qu’elle vend ?

trois : Qu’est-ce que Monique a acheté dans la boutique de Louise ?

quatre : Avant-hier, il y avait beaucoup de clients dans la boutique de Louise ?

cinq : La boutique de Louise est ouverte tous les jours ?

解 説　まず 2 人の会話を聞き、次にその内容に関する質問を聞いて、あらかじめ問題冊子に印刷されている答えの文を完成させる問題です。今回、質問の数は 5 つ、空欄の数は 8 つ、空欄ごとに 1 点で、合計 8 点です。それぞれの空欄には 1 語ずつ記入します。

会話を聞く前に、問題冊子に印刷された答えの文をよく読んでおきましょう。空欄の前後から、空欄に入るフランス語がかなりの程度推測できる場合があります。この推測力もまたフランス語の実力のうちです。たとえば、今回の問題ですと、(1) の空欄の前に à côté du「～の横に、そばに」という表現があることから、空欄には位置の目印となるような施設や建物などを表わす男性名詞の単数形が入ることが想像できます。また、(5) では空欄の前に elle est fermée le とありますから、空欄には〈le ＋曜日〉「毎週～曜日に」という表現の曜日が入ることが予想できます。ここまで推測できれば、正答がかなりの程度しぼりこめます。ほかにも、動詞であれば人称や単数／複数の区別、名詞、冠詞、形容詞であれば性・数など、見当がつけられることは多くありますし、品詞がわかるだけでも大きなヒントになりえます。

会話は全部で3回読まれます。会話を聞くときには、空欄部分に相当する箇所にとくに注意し、その部分を聞き取ることができたらメモをしておくとよいでしょう。ただし、書くことに気をとられて、会話の流れをとらえそこなってはいけません。くれぐれも耳をおろそかにしないという態度でのぞんでください。

今回はふたりの共通の友人 Louise の店についての Monique と Julien の会話です。読まれる質問の日本語訳を提示し、問題用紙に印刷されている答えの文の空欄に解答を入れながら、順に見ていくことにします。

(1) の質問は「Louise の店はどこにありますか」です。Julien が Monique に、Tu en as, toi ?「最近 Louise がどうしているか知っているの？」と聞くと Monique は、Elle vient d'ouvrir une petite boutique à côté du lycée.「最近、高校のそばで小さなお店を始めたのよ」と答えています。したがって、正解は、Elle se trouve à côté du (lycée). となります。なお、Tu en as, toi ? の en は中性代名詞で、des nouvelles de Louise をうけます。*licée*、*lyceé*、*lysée* などのつづりまちがいが続出し、得点率は59%にとどまりました。

(2) の質問は「Louise は何を売っているのですか」です。会話のなかで Julien が同じ質問をしていますが、それに対して Monique は、Elle vend des objets qu'elle ramène de ses voyages en Asie et en Afrique.「アジアやアフリカ旅行から品物を持ち帰って売っているの」と答えています。したがって正解は、Elle vend des (objets) qu'elle ramène de ses voyages en Asie et en (Afrique). となります。objets の得点率は46%、Afrique の得点率は63%でした。objets に関しては、*objet* のほか、おそらく英語の影響で *objects* や *object* と記した答案がめだちました。Afrique に関しては、*Afric* や *Aflic* などの誤答が見うけられました。

(3) の質問は「Monique は Louise の店で何を買いましたか」です。Julien の Tu as déjà acheté quelque chose ?「もう何か買ったの？」という質問に対して、Monique は Oui, j'ai acheté deux cuillères en bois et une assiette en argent.「うん、木のスプーンを2つと銀のお皿を1枚買ったの」と答えています。したがって正解は、Elle a acheté deux cuillères en (bois) et une (assiette) en argent. となります。この前置詞 en は「材質」を表わし、montre en or「金時計」、sac en papier「紙袋」のように使いますので、おさえておきましょう。bois の得点率は38%、assiette の得点率は17%と、いずれも低調でした。

bois に関しては *boit*、*voir*、*boire* という誤答がめだちました。assiette は基本的な単語ですが、*assiete*、*assiet*、*asiette* などの誤答が続出しました。

(4) の質問は「おととい Louise の店には多くの客がいましたか」です。会話のなかで Julien が Il y avait des clients ?「お客はいた？」と質問をしていますが、それに対して Monique は、C'est ça, le problème. Il y en avait très peu avant-hier, quand j'y suis passée : sa boutique n'est pas encore très connue.「それが問題なのよ。おととい私が立ち寄ったときはお客がほんのわずかしかいなかったの。彼女のお店はまだあまり知られていないから」と答えています。quand j'y suis passée のうしろにある : (deux points) に着目しましょう。これは説明的な節や語句をみちびくものです。その次に sa boutique n'est pas encore très connue. とありますので、これが Louise の店に客が少ない原因です。したがって正解は、Non, il y avait très (peu) de clients, parce que sa boutique n'est pas encore très (connue). となります。peu の得点率は 75%、connue の得点率は 31%でした。peu に関しては、*peut*、*peur* など、connue に関しては、*connu*、*conu*、*conue* などの誤答が見られました。

(5) の質問は「Louise の店は毎日開いていますか」です。客が少ないと聞いた Julien が Alors, j'y vais demain.「それじゃ、あした行くよ」と言ったのに対し、Monique は、Mais demain, c'est mardi, la boutique est fermée.「でもあしたは火曜日だから、お店は閉まっているわ」と答えています。したがって、正解は Non, elle est fermée le (mardi). です。mardi の得点率は 83%とよくできていました。

全 8 問の平均得点率は 51%で、前回の 2018 年秋季とくらべて 11 ポイントほどあがりました。細かな点に気をつければ、さらなる向上が見込めるでしょう。

解答 (1) (lycée)　(2) (objets) (Afrique)　(3) (bois) (assiette)
(4) (peu) (connue)　(5) (mardi)

2

(読まれるテキスト)

Avant, je chantais dans un groupe qui avait un grand succès.

Mais il y a deux ans, je l'ai quitté pour raison de santé : j'avais sans cesse mal à la gorge. À vrai dire, j'étais aussi trop fatiguée. Pendant six mois, je suis allée à l'hôpital deux fois par semaine à Paris. Après que ma gorge a guéri, je suis retournée dans le petit village où je suis née. Depuis je vis là avec ma famille. Mes vieux amis viennent me voir de temps en temps. Nous parlons de notre enfance. Grâce à cette vie tranquille, j'ai retrouvé ma passion pour la musique. Je viens de décider de revenir sur scène. À Noël, je chanterai pour les enfants de mon village.

（読まれるテキストの内容について述べた文）

un : Avant, Sophie avait un grand succès comme chanteuse.
deux : Sophie a arrêté de chanter il y a deux ans.
trois : Sophie était trop fatiguée quand elle a quitté son groupe.
quatre : Sophie est allée à l'hôpital pendant un mois.
cinq : Après que sa gorge a guéri, Sophie est restée à Paris.
six : Maintenant Sophie habite toute seule.
sept : De temps en temps, Sophie reçoit la visite de ses vieux amis.
huit : Sophie et ses amis parlent de leur enfance.
neuf : Sophie vient de revenir sur scène.
dix : À Noël, Sophie chantera des chansons pour les enfants.

解説 まず、フランス語のまとまった文章を聞きます。次に、おなじくフランス語の 10 の文を聞いて、それぞれの文が、読まれたフランス語の文章の内容に一致するかどうかを判断する問題です。各問 1 点、合計 10 点です。

今回は、のどを痛めて活動を休止した歌手の Sophie の話です。以下、長文の内容に一致するかしないかを問う 10 の文に日本語訳を付けながら解説をしていきます。

(1)「以前、Sophie は歌手として人気を博していた」。これに関しては、長文の第 1 文に、Avant, je chantais dans un groupe qui avait un grand succès.「以前、私は人気を博するグループで歌っていました」とあるので、内容に一致します。得点率は 89%でした。

(2)「Sophie は 2 年前に歌うのをやめた」。これに関しては、長文の第 2 文に、Mais il y a deux ans, je l'ai quitté pour raison de santé [...].「でも 2 年前に、私は健康上の理由でそのグループをやめました」とありますので、内容に一致します。得点率は 84%でした。

(3)「グループをやめたとき、Sophie はあまりに疲れていた」。長文の第 3 文に、À vrai dire, j'étais aussi trop fatiguée.「じつを言うと、私はあまりに疲れてもいました」とありますので、内容に一致します。aussi とあるのは、前文で [...] j'avais sans cesse mal à la gorge.「私は絶えずのどが痛みました」と述べているからです。得点率は 75%でした。

(4)「Sophie は 1ヵ月間、病院に通った」。長文の第 4 文に、Pendant six mois, je suis allée à l'hôpital deux fois par semaine à Paris.「私はパリで 6ヵ月間、週に 2 回、病院に通いました」とありますので、内容に一致しません。得点率はとても高く 92%でした。

(5)「のどが治ったあと、Sophie はパリにとどまった」。長文の第 5 文に、Après que ma gorge a guéri, je suis retournée dans le petit village où je suis née.「のどが治ったあと、私は生まれ故郷の小さな村に帰りました」とありますので、内容に一致しません。得点率は 80%でした。

(6)「現在 Sophie はひとり暮らしをしている」。これに関しては、長文の第 6 文に、Depuis je vis là avec ma famille.「それ以後、私はそこで家族と暮らしています」とありますので、内容に一致しません。得点率は高く 90%でした。

(7) 「ときどきSophieは旧友たちの訪問を受ける」。長文の第7文に、Mes vieux amis viennent me voir de temps en temps.「旧友たちがときどき私に会いにきます」とありますので、内容に一致します。得点率は71%でした。

(8) 「Sophieと友だちは子ども時代の話をする」。これに関しては、長文の第8文に、Nous parlons de notre enfance.「私たちは子ども時代の話をします」とありますので、内容に一致します。得点率は71%でした。

(9) 「Sophieは舞台に復帰したばかりである」。長文の第10文に、Je viens de décider de revenir sur scène.「私は舞台に復帰することをきめたばかりです」とありますので、内容に一致しません。どちらの文にも〈venir de＋不定詞〉という同じ表現が使われていますが、de以下の内容が、revenir sur scèneとdécider de revenir sur scèneですからことなります。décider deを聞き逃したからでしょうか、得点率は極端に低く23%でした。

(10) 「クリスマスに、Sophieは子どもたちのために歌を歌う」。これに関しては、長文の第11文に、À Noël, je chanterai pour les enfants de mon village.「クリスマスに私は村の子どもたちのために歌います」とありますので、内容に一致します。得点率は89%でした。

全10問の平均得点率は76%で、2018年度秋期から4ポイントほど下がりました。フランス語の長文は全部で3回読まれますので、その間にそれぞれの問いのポイントがどこなのかがある程度しぼりこめれば、正誤の判断がしやすくなるでしょう。

解答　(1) ①　(2) ①　(3) ①　(4) ②　(5) ②　(6) ②
(7) ①　(8) ①　(9) ②　(10) ①

1次試験配点表

筆記試験	1	2	3	4	5	6	7	小計	書き取り	小計	聞き取り	1	2	小計	合計
	8点	10	10	10	10	12	10	70		12		8	10	18	100

2 次 試 験

試験方法

音　読

問題カードに印刷された35語程度のフランス語の文章を音読します。配点は10点です。

試験の進行は基本的に春季と秋季で同じです。音読する前に、1分間、黙読する時間があたえられます。その間に内容や発音を確認しておきましょう。とくに、リエゾンすべき箇所と、逆に、してはならない箇所をきちんと確認しておきましょう。

また、フランス語は発音の規則がしっかりときまっていますので、日ごろからその規則を意識して音読する習慣を身につけておいてください。本番の試験では、個々のフランス語の発音だけでなく、文章全体のリズムにも留意しつつ、落ちついて読んでください。万一、読みまちがえても、訂正して読みなおすことがゆるされていますので、リラックスして、かつ明瞭な声で発音してください。

質問と答え

問題カードに印刷されたフランス語の文章についての2つの質問と、イラストについての3つの質問の合計5つの質問に答えます。質問と答えのやりとりは、すべてフランス語でおこなわれます。配点は、各質問4点、合計20点です。

各質問には、原則として、主語と動詞をふくむ完全なフランス語の文で答えてください。日常会話ならば主語や動詞をはぶいて答えても会話として成立することはありますが、ここでは正しくフランス語の文を構成する能力のあるなしが審査されていると考えてください。

また、質問のなかに出てくる名詞を答えのなかで繰り返す場合、代名詞にするほうが自然です。その名詞の性・数に合わせた代名詞に置きかえることができるかどうかも審査の対象となります。

印刷されたフランス語の文章についての質問は、ほとんどの場合、文章中に答えを見つけることができます。ただし、文章中の一部をそのまま抜き出しただけでは答えとしてふさわしくない場合もありますので、質問に応じてふさわしい形に整えて答えてください。

イラストについての質問は、qu'est-ce que、qu'est-ce qui、combien といった疑問詞をふくむもの、あるいは時刻や天候を問うものなど、だいたいパターンがきまっています。描かれた人やものの位置関係あるいは数などに注意するのはもちろんですが、名詞の性・数や、冠詞にも気を配ってください。

解　説

A

音　読

大学で絵画を学んでいる Manon が、週末には近くの美術館によく行くという内容の文章です。第 2 文の dans‿un と son‿appartement はかならずリエゾンします。第 1 文の Manon étudie と第 2 文の et elle はリエゾンしてはいけません。第 3 文の voudrait y のところはリエゾンをしてもしなくてもかまいません。

質問と答え

音読した文章についての質問

Question 1：Où est-ce que Manon étudie la peinture ?「Manon はどこで絵画を学んでいますか」という質問です。第 1 文を使い、Manon を代名詞 elle に置きかえて答えます。Elle étudie la peinture à l'Université de Lyon.「彼女はリヨン大学で絵画を学んでいます」が正解です。à l'Université de Lyon のかわりに、à l'Université としても、あるいは à Lyon としても正解です。また、la peinture を直接目的語の代名詞に置きかえることも可能です。その場合、Elle l'étudie à l'Université de Lyon. となります。

Question 2：Quand Manon va au musée ?「Manon はいつ美術館に行きますか」という質問です。第 2 文を使って答えますが、本文中で主語はすでに elle ですから、そのまま elle で文を始めてください。Elle va au musée le week-end.「彼女は週末に美術館に行きます」が正解です。au musée を中性代名詞の y

に置きかえることも可能です。その場合、Elle y va le week-end. となります。

イラストについての質問

Question 3 : Il y a combien de tableaux sur le mur ?「壁に何枚の絵がありますか」という質問です。絵は3枚ありますので、tableaux の繰り返しを避けるために en を用いて、Il y en a trois sur le mur.「壁にそれは3枚あります」とすれば正解です。en‿a はかならずリエゾンするので気をつけましょう。tableaux をそのまま使って Il y a trois tableaux. でも正解ですが、中性代名詞と元の名詞両方を入れて Il y *en* a trois *tableaux*. とすることはできません。sur le mur は省略可能です。

Question 4 : Dans le tableau du milieu, qu'est-ce qu'on voit ?「真ん中の絵には何が見えますか」という質問です。花が1輪描かれていますので、On voit une fleur.「花が見えます」が正解です。une fleur かわりに、une rose でも、une plante でもかまいません。Dans le tableau du milieu を中性代名詞の y に置きかえて、On y voit une fleur. も可能です。その場合、On‿y はかならずリエゾンするので気をつけましょう。今回、milieu という単語が2次試験では、はじめて登場しました。この機会に「右」、「左」以外にも、位置関係を示す表現を復習しておきましょう。

Question 5 : L'homme à droite, qu'est-ce qu'il porte sur le dos ?「右にいる男性は何を背負っていますか」という質問です。リュックサックを背負っていますので、Il porte un sac à dos.「彼はリュックサックを背負っています」が正解です。リュックサックは à dos を省略することも可能です。フランス語では、袋状のかばんはすべて sac です。ハンドバッグも sac (sac à main) と言いますから覚えておきましょう。un sac を son sac と言うこともできますが、*le* sac は正しいフランス語ではありません。最後に sur le dos「背中に」を付け加えてもかまいません。

解答例　(　　) 内は省略可。[　/　] は / の左右どちらでも可。

Question 1：Elle l'étudie [à l'Université (de Lyon) / à Lyon].
Elle étudie la peinture [à l'Université (de Lyon) / à Lyon].

Question 2：Elle y va le week-end. / Elle va au musée le week-end.

Question 3：Il y en‿a trois (sur le mur). / Il y a trois tableaux (sur le mur).

Question 4：On (‿y) voit [une fleur / une rose / une plante].

Question 5：Il [a / porte] [un / son] sac (à dos) (sur le dos).

B

音　読

Nina が働いているチーズ工場に小学生が見学に来たという内容の文章です。第 1 文の dans‿une、第 3 文の les‿élèves はかならずリエゾンします。第 2 文の vingt-cinq mille litres de lait arrivent の lait arrivent のところはリエゾンしてはいけません。

質問と答え

音読した文章についての質問

Question 1：Nina travaille où ?「Nina はどこで働いていますか」という質問です。第 1 文を使い、Nina を代名詞 elle に置きかえて答えます。Elle travaille dans une usine de fromage.「彼女はチーズ工場で働いています」が正解です。de fromage はなくてもかまいません。dans‿une はかならずリエゾンするので注意しましょう。

Question 2：Combien de litres de lait arrivent dans cette usine chaque jour ?「毎日何リットルの牛乳がこの工場に届きますか」という質問です。これは第 2 文がそのまま答えになっていますから、Vingt-cinq mille litres de lait arrivent dans cette usine.「2 万 5000 リットルの牛乳がこの工場に届きます」と答えます。de lait はなくてもかまいません。また dans cette usine を中性代名詞の y に置きかえることも可能です。その場合は Vingt-cinq mille litres de lait y arrivent. となります。chaque jourを付け加えてもかまいません。

イラストについての質問

Question 3 : Le garçon à gauche, qu'est-ce qu'il a à la main gauche ?「左にいる男の子は左手に何を持っていますか」という質問です。イラストで男の子は左手にノートを持っていますので、le garçonを代名詞ilに置きかえて、Il a un cahier.「彼はノートを持っています」が正解です。un cahierをson cahierと言うこともできますが、*le* cahierは正しいフランス語ではありません。また、冊子状のものであれば、許容範囲内ですから、ほかにも答え方があります。下の **解答例** を参照してください。

Question 4 : Il y a un homme à droite. Qu'est-ce qu'il regarde ?「右に男性がひとりいます。彼は何を見ていますか」という質問です。イラストの男性は腕時計を見ていますので、Il regarde sa montre.「彼は腕時計を見ています」が正解です。sa montreのかわりにune montreやla montreと言うこともできます。あるいは時刻を見ているのですから、Il regarde l'heure. でもいいでしょう。

Question 5 : Quelle heure est-il ?「何時ですか」という質問です。イラストの右にかかっている時計は12時を指していますので、Il est midi.「正午です」が正解です。Il est douze heures. でもかまいません。イラストでは右上で太陽が輝いています。ちなみに、天気を尋ねる場合は、Quel temps fait-il ?「どんな天気ですか」と聞きます。時刻と天気に関する質問はどちらも定番の問題なので、それぞれ答え方をまとめて復習しておきましょう。

解答例　(　　) 内は省略可。[/] は / の左右どちらでも可。

Question 1 : Elle travaille dans‿une usine (de fromage).

Question 2 : Vingt-cinq mille (litres / litres de lait) y arrivent (chaque jour).
Vingt-cinq mille (litres / litres de lait) arrivent dans [cette / l']

usine (chaque jour).

Question 3 : Il [a / porte / tient] [un / son] cahier ([à la main / dans sa main] gauche).

*cahier は carnet, guide, livre, manuel, mémo, mémorandum でも可。

Question 4 : Il regarde [une / la / sa] montre. / Il regarde l'heure.

Question 5 : Il est midi. / Il est douze heures.

2019年度秋季
実用フランス語技能検定試験
筆記試験問題冊子　〈準 2 級〉

問題冊子は試験開始の合図があるまで開いてはいけません。

筆　記　試　験		15 時 15 分 ～ 16 時 30 分 (休憩 20 分)
書き取り 聞き取り	試験	16 時 50 分から約 25 分間

◇筆記試験と書き取り・聞き取り試験の双方を受験しないと欠席になります。

◇問題冊子は表紙を含め 12 ページ、全部で 7 問題です。

注　意　事　項

1　途中退出はいっさい認めません。

2　筆記用具は **HB または B の黒鉛筆** (シャープペンシルも可) を用いてください。ボールペンや万年筆等でマークした解答は機械による読み取りの対象とならないため、採点されません。

3　解答用紙の所定欄に、**受験番号**と**カナ氏名**が印刷されていますから、まちがいがないか、**確認**してください。

4　**マーク式の解答は、解答用紙の解答欄にマークしてください**。たとえば、1 の (1) に対して ③ と解答する場合は、次の例のように解答欄の ③ にマークしてください。

例

1	解答番号	解　答　欄
	(1)	① ② ● ④ ⑤ ⑥

5　記述式の解答の場合、正しく判読できない文字で書かれたものは採点の対象となりません。

6　解答に関係のないことを書いた答案は無効にすることがあります。

7　解答用紙を折り曲げたり、破ったり、汚したりしないように注意してください。

8　問題内容に関する質問はいっさい受けつけません。

9　不正行為者はただちに退場、それ以降および来季以後の受験資格を失うことになります。

10　**携帯電話等の電子機器の電源はかならず切って、かばん等にしまってください**。通信機能のある時計は使用を禁じます。

11　**時計のアラームは使用しないでください。**

12　この試験問題の複製 (コピー) を禁じます。また、この試験問題の一部または全部を当協会の許可なく他に伝えたり、漏えいしたりすることを禁じます (インターネットや携帯サイト等に掲載することも含みます)。

1　次の (1) ～ (4) の (　　) 内に入れるのにもっとも適切なものを、下の ① ～ ⑥ のなかから 1 つずつ選び、解答欄のその番号にマークしてください。ただし、同じものを複数回用いることはできません。なお、① ～ ⑥ では、文頭にくるものも小文字にしてあります。(配点　8)

(1) Il a fini (　　) apprendre la nouvelle.

(2) Il faut bien fermer la porte (　　) clé.

(3) Ne comptez pas (　　) moi pour vous aider !

(4) (　　) avoir fait ses devoirs, il est sorti.

① à　　② après　　③ dans
④ en　　⑤ par　　⑥ sur

(解説・解答 ▶ p.200)

2　次のフランス語の文 (1) ～ (5) が、それぞれあたえられた日本語の文が表わす意味になるように、(　　) 内に入れるのにもっとも適切な語 (各 1 語) を、**示されている最初の文字とともに、**解答欄に書いてください。(配点　10)

(1)　C'est (e　　).
承知しました。

(2)　C'est lui, mon (m　　) ami.
彼が私の一番の親友です。

(3)　Je suis actuellement en (c　　).
私は今、休暇中です。

(4)　Prenons ce chemin, c'est plus (c　　).
こちらの道を行きましょう、近道ですから。

(5)　Qu'est-ce que cela (v　　) dire ?
それはどういう意味ですか。

（解説・解答 ▶ p.201）

3 次の (1) ～ (5) について、**A**、**B** がほぼ同じ意味になるように、(　　) 内に入れるのにもっとも適切なものを、下の語群から1つずつ選び、必要な形にして解答欄に書いてください。ただし、同じものを複数回用いることはできません。(配点 10)

(1) **A** Autrefois, aller à Paris demandait un jour entier.

B Autrefois, il (　　) un jour entier pour aller à Paris.

(2) **A** Le 27 avril, ça va pour vous ?

B Le 27 avril, ça vous (　　) ?

(3) **A** Ma montre s'est arrêtée.

B Ma montre ne (　　) plus.

(4) **A** Nathalie a ramené à la maison un chat abandonné.

B Nathalie (　　) à la maison avec un chat abandonné.

(5) **A** Nos chambres sont toujours en ordre.

B Nous (　　) toujours bien nos chambres.

convenir	descendre	falloir	marcher
ranger	revenir	se moquer	

(解説・解答 ▶ p.203)

4 次の対話 (1) ～ (5) の (　　) 内に入れるのにもっとも適切なものを、下の ① ～ ⑦ のなかから 1 つずつ選び、解答欄のその番号にマークしてください。ただし、同じものを複数回用いることはできません。(配点 10)

(1) — Alors, le Kabuki, ça t'a plu ?
— Je n'ai pas (　　) compris mais c'était intéressant.

(2) — Les chiens de madame et monsieur Leblanc sont très élégants.
— Oui, mais nos chiens sont plus intelligents que (　　).

(3) — Quelle robe je vais mettre pour la fête ?
— Mets (　　) que tu as achetée hier.

(4) — Tu n'as pas pu la voir ?
— Si, elle est arrivée au moment (　　) je partais.

(5) — Vous les connaissez tous ?
— Non, mais (　　) d'entre eux sont des amis d'enfance.

① autre　② celle　③ les leurs　④ où
⑤ plusieurs　⑥ quoi　⑦ tout

(解説・解答 ▶ p.206)

5 次の文章を読み、(1)～(5)に入れるのにもっとも適切なものを、それぞれ右のページの ① ～ ③ のなかから1つずつ選び、解答欄のその番号にマークしてください。(配点 10)

La France est un des pays qui s'intéressent le plus au manga. Cette bande dessinée* née au Japon est présente en France depuis plus de 40 ans. (1), les Français la refusaient parce qu'elle leur semblait trop violente. Mais peu à peu ils ont compris qu'ils se trompaient. Aujourd'hui, plus personne ne pense que le manga soit un genre toujours violent.

(2), il y a des mangas sur des sujets divers. Certains racontent le voyage d'un héros qui rencontre des ennemis terribles. D'autres représentent la vie quotidienne de lycéennes. On peut aussi en trouver pour les adultes**, avec des histoires assez compliquées. (3) les mangas touchent un large public, des plus petits aux plus grands.

Cependant ces dernières années, les Français en achètent de moins en moins en librairie. Est-ce qu'ils auraient perdu le goût pour les mangas ? (4). Un vif intérêt continue d'exister surtout parmi les jeunes. Seulement, ils se tournent de plus en plus vers Internet pour lire les mangas. Même si les ventes*** en librairie diminuent, ce type de bande dessinée (5) dans la culture française.

* bande dessinée : 漫画
** adulte : 大人
*** vente : 売り上げ

(1) ① Au début
② En plus
③ Par ailleurs

(2) ① En effet
② Par contre
③ Rarement

(3) ① Cela explique pourquoi
② Il est donc impossible que
③ On se demande si

(4) ① C'est tout à fait vrai
② Loin de là
③ On n'en sait rien

(5) ① change de rôle
② garde une place importante
③ perd sa valeur

（解説・解答 ▶ p.208）

6　次の文章を読み、右のページの (1) ～ (6) について、文章の内容に一致する場合は解答欄の ① に、一致しない場合は ② にマークしてください。(配点　12)

Quand Joséphine était enfant, elle était déjà grande pour son âge. Ses pieds étaient grands, également. Elle portait régulièrement les vêtements de sa sœur Claire, qui avait six ans de plus qu'elle. Mais les chaussures de Claire étaient trop petites pour elle. Dans les magasins, il n'y avait pas de jolies chaussures dans les grandes tailles. Elle devait donc choisir des chaussures pour hommes : aucune ne lui plaisait. Elle disait à sa mère qu'elle voulait des chaussures sur mesure*. Mais sa mère refusait, parce que c'était trop cher.

Joséphine a commencé à travailler à Lyon il y a un an. Un jour, elle a découvert à la télévision un petit fabricant** de chaussures. Elle a tout de suite décidé d'y aller le lendemain.

Ce fabricant se trouvait à une heure de Lyon en voiture. L'employée qui a parlé à Joséphine était aussi grande qu'elle. En voyant ses chaussures bleues en cuir, Joséphine a commandé le même modèle, mais en rose.

* sur mesure : オーダーメイドの
** fabricant : 製造業者・メーカー

(1) Joséphine a six ans de moins que sa sœur Claire.

(2) Dans son enfance, Joséphine était contente des chaussures pour hommes qu'elle portait.

(3) La mère de Joséphine lui recommandait de porter des chaussures sur mesure.

(4) Quand elle a découvert à la télévision un fabricant de chaussures, Joséphine a décidé d'y aller le lendemain.

(5) Le fabricant de chaussures se trouvait à Lyon.

(6) Les chaussures que Joséphine a commandées étaient bleues.

(解説・解答 ▶ p.211)

7

次の会話を読み、（ 1 ）～（ 5 ）に入れるのにもっとも適切なものを、それぞれ右のページの ① ～ ③ のなかから1つずつ選び、解答欄のその番号にマークしてください。（配点 10）

Bruno : Tu fais quelque chose pour rester si mince ?
Michel : (1). Je mange et je bois ce que je veux et autant que je veux. Mais je ne grossis pas.
Bruno : (2) !
Michel : N'est-ce pas ? Mais qu'est-ce que tu as ? Tu as un problème avec ton poids ?
Bruno : Oui et non. Hier, ma copine Chloé m'a conseillé de perdre trois kilos.
Michel : (3) Mais tu es très bien comme ça, non ?
Bruno : (4), c'est pour ça que je ne sais pas quoi faire. Je dois manger moins et arrêter de boire ? Mes gâteaux au chocolat, mes bières, c'est fini ?
Michel : (5) ! Il ne faut pas toujours écouter l'avis des autres.

(1) ① Absolument
② Bien sûr
③ Rien de spécial

(2) ① Je te plains
② Tant pis
③ Tu as de la chance

(3) ① C'est vrai ?
② Elle a raison.
③ Pourquoi pas ?

(4) ① Au contraire
② En fait
③ Justement

(5) ① Pas du tout
② Tout à fait
③ Voilà

(解説・解答 ▶ p.213)

2019年度秋季
実用フランス語技能検定試験
聞き取り試験問題冊子　〈準 2 級〉

書き取り・聞き取り試験時間は、
16 時 50 分から約 25 分間

先に書き取り試験をおこないます。解答用紙表面の書き取り試験注意事項をよく読んでください。書き取り試験解答欄は裏面にあります。

この冊子は指示があるまで開かないでください。

◇**筆記試験と書き取り・聞き取り試験の双方を受験しないと欠席になります。**

◇問題冊子は表紙を含め 4 ページ、全部で 2 問題です。

書き取り・聞き取り試験注意事項

1　途中退出はいっさい認めません。
2　書き取り・聞き取り試験は、CD・テープでおこないます。
3　解答用紙の所定欄に、**受験番号**と**カナ氏名**が印刷されていますから、まちがいがないか、**確認**してください。
4　CD・テープの指示にしたがい、中を開いて、日本語の説明をよく読んでください。フランス語で書かれた部分にも目を通しておいてください。
5　解答はすべて別紙の書き取り・聞き取り試験解答用紙の解答欄に、**HB または B の黒鉛筆**（シャープペンシルも可）で記入またはマークしてください。ボールペンや万年筆等でマークした解答は機械による読み取りの対象とならないため、採点されません。
6　問題内容に関する質問はいっさい受けつけません。
7　**携帯電話等の電子機器の電源はかならず切って、かばん等にしまってください。**通信機能のある時計は使用を禁じます。
8　**時計のアラームは使用しないでください。**
9　この試験問題の複製（コピー）を禁じます。また、この試験問題の一部または全部を当協会の許可なく他に伝えたり、漏えいしたりすることを禁じます（インターネットや携帯サイト等に掲載することも含みます）。

書き取り・聞き取り試験

書き取り試験

注意事項

フランス語の文章を、次の要領で4回読みます。全文を書き取ってください。

- 1回目、2回目は、ふつうの速さで全文を読みます。内容をよく理解するようにしてください。
- 3回目は、ポーズをおきますから、その間に書き取ってください（句読点も読みます）。
- 最後に、もう1回ふつうの速さで全文を読みます。
- 読み終わってから2分後に、聞き取り試験にうつります。
- 数を書く場合は、算用数字で書いてかまいません。（配点　12）

［音声を聞く順番］ ㉖→㉖→㉗→㉖

（解説・解答 ▶ p.217）

聞き取り試験

1

- まず、Jean と Martine の会話を聞いてください。
- つづいて、それについての6つの質問を読みます。
- もう1回、会話を聞いてください。
- もう1回、6つの質問を読みます。1問ごとにポーズをおきますから、その間に、答えを解答用紙の解答欄にフランス語で書いてください。
- それぞれの（　　）内に1語入ります。
- 答えを書く時間は、1問につき10秒です。
- 最後に、もう1回会話を聞いてください。
- 数を記入する場合は、算用数字で書いてください。

（メモは自由にとってかまいません）（配点　8）

［音声を聞く順番］ ㉘→㉙→㉘→㉚→㉘

(1)　C'est un (　　) ami de Jean et de Martine.

(2)　Il ne l'avait pas vu depuis (　　) ans.

(3)　Non, il était toujours aussi (　　).

(4)　Il travaille comme (　　) pour une petite (　　).

(5)　Il lui a demandé d'(　　) sur leur (　　).

(6)　Il viendra les voir la (　　) prochaine.

（解説・解答 ▶ p.219）

2

- まず、Monique に関する文章を 2 回聞いてください。
- 次に、その内容について述べた文 (1) ～ (10) を 2 回通して読みます。それぞれの文が文章の内容に一致する場合は解答欄の ① に、一致しない場合は ② にマークしてください。
- 最後に、もう 1 回文章を聞いてください。
(メモは自由にとってかまいません）（配点　10）

［ 音声を聞く順番 ］ ㉛ → ㉛ → ㉜ → ㉜ → ㉛

（解説・解答 ▶ p.223）

2 次 試 験

試験方法

◯ 2 次試験は個人面接です。（面接時間：約 5 分）
◯係員の指示で、ひとりずつ面接室に入ります。
◯入室したら面接委員が着席するよう日本語で指示します。
◯着席すると、面接委員が受験者の名前と受験級を日本語で確認します。
◯次に面接委員が、フランス語の文とイラストがある「問題カード」をわたし、黙読するように指示します。黙読の時間は 1 分間です。このとき、イラストもよく見ておいてください。
◯黙読が終わると、次に音読するように指示されます。よく聞こえるように読んでください。
◯音読が終わると、面接委員が「問題カード」の文の内容およびイラストに関してフランス語で 5 つの質問をしますから、フランス語で答えてください。答える際に「問題カード」を見てもかまいません。
◯質問が終わると、面接委員がその旨を告げますから、「問題カード」を面接委員にかえして退室します。

＊注意＊　試験入室前に携帯電話等の電子機器の電源を切ってください。

2019年度秋季実用フランス語技能検定試験　準2級2次試験

問題カードA

㉝

Georges met dix minutes pour aller au travail en voiture. Ce matin, il y est allé à vélo, parce que son médecin lui a conseillé de faire du sport pour sa santé. C’était fatigant, mais très agréable.

問題カードA

A

㉞

Question 1 : Georges met combien de temps pour aller au travail en voiture ?

Question 2 : Pourquoi Georges est allé au travail à vélo ce matin ?

Question 3 : Qu'est-ce qu'il y a devant le bâtiment ?

Question 4 : Le garçon, qu'est-ce qu'il fait ?

Question 5 : Quelle heure est-il ?

（解説・解答例 ▶ p.228）

2019年度秋季実用フランス語技能検定試験　準2級2次試験

問題カードB

㉟

Juliette est journaliste. Généralement elle travaille à la maison, mais elle doit souvent aller au bureau pour des réunions. En ce moment, elle prépare un article avec des collègues. Il paraîtra dans une revue le mois prochain.

問題カードB

B

㊱

Question 1 : Où est-ce que Juliette travaille généralement ?

Question 2 : Quand est-ce que l'article de Juliette paraîtra ?

Question 3 : Combien de livres y a-t-il sur la table au centre ?

Question 4 : La petite fille, qu'est-ce qu'elle fait ?

Question 5 : Quel temps fait-il ?

（解説・解答例 ▶ p.230）

2019 年度秋季準 2 級

2019 年度秋季試験の準 2 級出願者数は、1 次試験免除者数 115 名を合わせて 1721 名、実受験者数は 1447 名でした。1 次試験の平均点は 60 点（満点 100 点）、合格基準点は 56 点、合格者は 866 名、合格率は 59.8%でした。前年度秋季と比較すると、合格基準点は同じ、平均点は 1 点下がりました。ここ数年は合格基準点、平均点ともにほぼ横ばい状態です。

2 次試験の受験者は、1 次試験免除者 115 名をふくめた 948 名で、合格基準点は 19 点（満点 30 点）、合格者数は 809 名、最終合格率は 52.9%でした。

出題内容のあらまし

1 次［筆記］

1 前置詞（穴うめ・選択）
2 フランス語文の完成（和訳つき／穴うめ・記述）
3 フランス語文の完成（動詞を選択活用／穴うめ・記述）
4 対話文完成（穴うめ・選択）
5 長文完成（フランスのマンガ事情／穴うめ・選択）
6 長文読解（オーダーメイドの靴／内容一致・選択）
7 会話文完成（彼女に減量をすすめられ／穴うめ・選択）

［書き取り］（聞き取りと合わせて約 25 分）
平易な短い文章の書き取り（ひとりっ子だったが弟が生まれた）

［聞き取り］
1 会話文の聞き取り（旧友と再会した話／仏問仏答完成／穴うめ・記述）
2 長文聞き取り（引退後の充実した生活／内容一致・選択）

2 次［面接］

個人面接方式。面接委員の指示にしたがって、フランス語の文章を音読し、フランス語の質問にフランス語で答える。試験時間は約 5 分。

1 次 試 験

筆記試験

解説・解答

1 **解説** フランス語の文の（　　）内に入れるのにもっとも適切な前置詞を6つの選択肢から選ぶ問題です。問題数は4、配点は各問2点、合計8点です。

空欄に正答を入れ、日本語を付したうえで解説していきます。

(1) Il a fini (par) apprendre la nouvelle.「彼はようやくその情報を知った」。〈finir par ＋不定詞〉で「最後には～する、結局～する」の意味になります。〈commencer par ＋不定詞〉「～から始める、まずは～する」と対にして覚えましょう。得点率は23%とひじょうに低いものでした。

(2) Il faut bien fermer la porte (à) clé.「しっかりドアに鍵をかけなければならない」。前置詞 à には多くの用法がありますが、これは前置詞の用法というよりも、fermer ... à clé「～に鍵をかける」という熟語として覚えるのがよいでしょう。clé に冠詞が付いていないことからも熟語表現であることがわかります。得点率は4問中もっとも低く、22%でした。この熟語表現を知らなかった受験者が多かったようですが、「鍵をかける」というのは日常生活でよくする行為ですから、実用フランス語としてしっかり身につけておきたいところです。

(3) Ne comptez pas (　　) moi pour vous aider !「助けてもらおうとして私をたよらないでください」。compter sur で「～をあてにする、～に期待する」というような意味になります。そこには動詞 compter の「勘定に入れる」、前置詞 sur の「支え」の意味合いがふくまれていると考えればよいでしょうか。得点率は59%でした。

(4)　(Après) avoir fait ses devoirs, il est sorti.「彼は宿題をしたあと、出かけた」。〈après ＋完了不定詞〉「〜したあと」という表現が使われています。完了不定詞は avoir または être と過去分詞を組み合わせたものです。avoir と être のどちらを使うかは、複合過去を作る場合と同じです。être のときは複合過去と同様、主語との性・数一致が必要になりますので気をつけましょう。この問題の得点率は 4 問中もっとも高く、89％でした。

全 4 問の平均得点率は 48％で、2019 年度春季とくらべて 6 ポイントあがってはいますが、それでもけっして高いレベルとは言えません。全体的に見て、(1) と (2) でつまづいた分を (4) でなんとか取り返したかっこうです。今回は熟語表現の一部として前置詞をふくむ形の問題が多く出されました。ですので、前置詞の問題を解くためには、前置詞単体での用法だけでなく、こうした前置詞をふくんだ熟語表現にも慣れ親しんでおくことが大切です。

解答　(1) ⑤　(2) ①　(3) ⑥　(4) ②

2　**解説**　下に示された日本語に対応させる形で、フランス語の文に欠落している語をおぎなう記述式の問題です。問題数は 5、配点は各問 2 点、合計 10 点です。

以下、正答を入れたフランス語の文に日本語訳を添えて解説していきます。

(1)　C’est (entendu).「承知しました」。このほかに、C’est bien entendu. や、たんに Entendu. という言い方もあります。entendu「合意された、了解ずみの」は動詞 entendre の過去分詞からできた形容詞です。誤答として、*entends*、*entendue*、*entendú* などがありました。日本語の意味から entendre に関係するところまではわかっていながら、正答まではたどりつけなかったようです。得点率はこの設問中もっとも高く、51％でしたが、かろうじて得点率が 50％を越えたのはこの問題だけでした。

(2)　C’est lui, mon (meilleur) ami.「彼が私の 1 番の親友です」。さきに誤答を確認しておくと、その約 3 割が *mieux* としていました。これは副詞で、bien の比較級です。空欄は mon と ami の間にあるので、副詞ではなく形容詞を入れなければなりません。性・数も考慮して、bon の比較級 meilleur が正解です。おそらく「1番の」という意味をくんで *le* meilleur とした誤答もありましたが、定冠詞のかわりに所有形容詞を用いても最上級と同じ扱いになります。そもそも問題文には空欄に入るのは1語であることが明記されていますし、空欄には最初の文字が示されています。あたりまえのことですが、まず問題文をよく読んで理解することがかんじんです。この問題の得点率は41％でした。

(3) Je suis actuellement en (congé).「私は今、休暇中です」。『仏検公式基本語辞典』(朝日出版社) では、congé は3級の語彙レベルに指定されており、Je suis en congé.「私は休みなんです」が例文としてあげられています。これはかならずしもフランス語特有の表現というわけではないので、この問題を解くポイントはひとえに congé という単語を知っているかどうかと言えそうです。誤答としては、*congē*、*cours*、*chambre*、*comme*、*contre* などがありました。得点率は5問中もっとも低く、18％でした。

(4) Prenons ce chemin, c'est plus (court).「こちらの道を行きましょう。近道ですから」。これは、日本語の「近道」から考えた場合でも、「近道」だから「より短い」と推論できれば、正答までたどりつけるでしょうか。*côté* を入れた誤答があり、気もちはわからなくもないですが、残念ながらこれでは意味をなしません。plus のあとには形容詞か副詞がきます。品詞の見きわめも解答の重要なポイントになります。ほかにも *cher*、*close*、*côte*、*coupe* などの誤答がありました。この問題もひじょうにできが悪く、得点率は24％でした。

(5) Qu'est-ce que cela (veut) dire ?「それはどういう意味ですか」。これは日常会話でひんぱんに出てくる表現です。より口語的な Qu'est-ce que ça veut dire ? という言い方もあります。得点率は44％でした。フランス語特有の表現ではありますが、準2級ではごく基本的かつ重要なものなので、もう少し得点率が高くてもよかったところです。誤答として多かったのは *vous*、*vraiment*、*vrai* ですが、いずれも文法的に不可能です。dire は不定詞なので、空欄には活用した動詞が入るはずです。そこまで考えることはできても、*va* を入れてしまったものや、活用語尾をまちがえて *veux* としてしまった惜しい誤答もありました。

全5問の平均得点率は35％で、2019年度春季とくらべて23ポイントあまりも下がりました。過去にあまり出題されたことがなく、比較的むずかしい問題が多かったこともあるかもしれませんが、本来得点しておくべき基本的な問題で取りこぼしがあったことが得点率低下のおもな原因と考えられます。この設問は記述式なので、5問全部正解するのは至難の業ではありますが、なんとか3問は取れるよう、文法・語彙・熟語・定型表現の知識をふくめた総合的なフランス語力を身につけたうえで、正確なつづりで書くことを心がけましょう。

解答 (1) entendu (2) meilleur (3) congé
(4) court (5) veut

3 **解説** 提示されたフランス語文とほぼ同じ意味になるフランス語文を完成させる問題です。完成させるべき文の空欄に、下にあたえられた7つの動詞から適合するものをひとつ選び、法や時制も考慮して、適切な形に変化させます。記述式の問題で、問題数は5、配点は各問2点、合計10点です。

A の文に日本語訳を付したうえで解説していきます。

(**1**) **A** Autrefois, aller à Paris demandait un jour entier.「以前、パリへ行くのはまる1日かかった」。demander はもともと「～を要求する」という意味ですが、このように時間の長さを表わす語句がくると、「(それだけの時間)がかかる」というような意味になります。さて、**A** の文では aller à Paris という不定詞句が主語になっており、**B** の文ではその部分は pour が付いて文末に移動しています。また、**B** の文の主語は il ですが、同文中に un jour もあるため、これが人称代名詞・男性・単数・主語の il に置きかえられたとは考えられません。これは非人称の il だと考えられます。選択肢のうち、非人称構文をとることができ、内容的にも合致するのは falloir「～を必要とする」です。これを **A** と同じ直説法半過去に活用させ、Autrefois, il (fallait) un jour entier pour aller à Paris.「以前、パリへ行くためにはまる1日必要だった」とすれば正解です。誤答のうちでは、直説法現在の *faut* が1番多く、直説法複合過去の *a fallu*、条件法現在の *faudrait* も散見しました。このほか、活用が正確でない *fautait*、*faulait*、*falloait* や、faire と混同しているとおぼしき*faisait*、*fait*などがありました。falloirは非人称構文でしか使われませんので、それぞれの法・時制での活用（3人称・単数）をしっかり覚えておきたいところです。得点率は25%とふるいませんでした。

(2)　**A**　Le 27 avril, ça va pour vous ?「4月27日でよろしいでしょうか？」このallerは、〈pour＋人〉をともなって、「～に都合がよい、～の気に入る」を表わす用法で使われています。**B**の文の主語は**A**と同じçaで、直後のvousは補語人称代名詞であると考えられます。意味と構文にかんがみて、選択すべき動詞はconvenirであることがわかります。これを**A**と同じ直説法現在に活用させれば正解です。〈convenir à＋人〉で、上のallerの用法とほぼ同じ意味になります。したがって、このvousは間接目的補語でした。誤答としてめだったのは、おそらくvousを主語ととらえてしまった*convenez*、*conveniez*でした。しかしこれではçaが浮いてしまいます。nousとvousは主語、直接目的補語、間接目的補語、強勢形が同じ形なので、文中でいずれにもなりうるということを肝に銘じておきましょう。ほかにも、*marche*という誤答がかなりありました。たしかにmarcherには「(仕事などが）うまく運ぶ」という意味もありますが、〈à＋人〉をしたがえる用法はありません。この問題の得点率は30%でした。

(3)　**A**　Ma montre s'est arrêtée.「私の時計は止まってしまった」。**B**の文では、主語は**A**と同じですが、否定文になっています。選択肢のうち、marcherは「歩く」という意味だけでなく、「(機械などが）動く、機能する」という意味もあります。時計が止まった、だからもう動かない、ということで、これを選べばよいわけですが、問題は時制です。**A**は複合過去ですが、たんに過去の事実を表わす用法と、現在完了の用法（「私の時計は止まってしまい、そして現在も止まったままの状態にある」）の大きくふたつが考えられます。一方**B**は、「もはや～ない」を表わすne ... plusが用いられており、そこには「ある特定の時点以前はそうだったが以後はそうではない」という時間の観念がふくまれています。これらのことをふまえて、ここは現在形のmarcheが正解となります。このように、**A**の文と**B**の文で時制がことなる場合もありますので、ただ機械的に時制を合わせればいいというわけではありません。誤答で1番多かったのはやはり複合過去の*a marché*でしたが、空欄の前後にneとplusがありますので、そもそも語順およびエリジョンという形式面で無理が生じています。仮に複合過去の否定文が正しいとすれば、n'a plus marchéになるはずです。また、半過去の *marchait* は、形式面はなんとかクリアしていますが、過去において「私の時計はもはや動いていなかった」ことになり、複合過去が表わす現在完了の意味合いからずれてしまいます。得点率は5問中もっとも高く、50%でした。

(4)　**A**　Nathalie a ramené à la maison un chat abandonné.「ナタリーは家に捨て猫を連れ帰った」。**A**の文では、un chat abandonnéがa ramenéの直接目的補語になっています。**B**の文では、空欄のある動詞部分以外で**A**とことなっているのは、un chat abandonnéの前にavecがあることです。このことから、空欄には他動詞ではなく自動詞が入ることがわかります。「捨て猫とともに家に帰った」とすれば**A**と同じ意味になりますので、選択肢から自動詞revenirを選び、これを**A**と同じ複合過去est revenueにすれば正解です。revenirはvenirと同じく、複合過去で助動詞にêtreを取りますので、過去分詞は主語と性・数一致します。誤答で1番多かったのは、助動詞にavoirを使ってしまった *a revenu* でした。性・数一致ができていない *est revenu* も相当数ありました。そもそも動詞の選択からして誤っているものも散見しました。得点率は5問中もっとも低く、24%でした。

(5)　**A**　Nos chambres sont toujours en ordre.「私たちの部屋はいつもきれいに整っている」。**A**の文のordreには「順番、秩序」などの意味があり、être en ordreで「秩序ある状態にある、整理整頓されている」を表わします。**B**の文の主語はNousですので、「私たちはいつもきちんと部屋を整理している」とすれば**A**とほぼ同じ意味になります。選択肢からranger「並べる、整理する」を選び、主語に合わせて現在形にすれば正解です。ただし、ひとつ気をつけなければならないのは、rangerは語幹がgで終わっているため、発音の関係で、nousに対する現在形の活用がrangeons [ʀɑ̃ʒɔ̃] となることです。子音字gは、あとに母音字a、o、uがつづくと[g]、e、i、yがつづくと[ʒ]の発音になります。それゆえ、changer、charger、manger、nager、partager、voyagerなども同様の処理をする必要があります。合わせて覚えておきましょう。やはり誤答で1番多かったのはeのない *rangons* でしたが、これだと発音は[ʀɑ̃gɔ̃]になってしまいます。ほかにも、なぜか単純未来形にしてしまった *rangerons*、さらに人称をまちがえた *rangeront*、半過

去形 *rangions*、最後の s を落としてしまった *rangeon* という惜しいミスなどがありました。得点率は 43%でした。

全 5 問の平均得点率は 34%で、2019 年春季とくらべて 4 ポイントほどあがりましたが、できがよかったとはとても言えません。とくに、非人称構文や、助動詞に être を用いる複合過去など、準 2 級レベルでは当然できていなければならないところでつまづくケースがめだちます。フランス語は動詞の活用がひじょうに複雑ですが、やはりこれがフランス語文法の基本です。それぞれの動詞をそれぞれの法・時制に活用させ、それを繰り返し書いて、読んで、話して、聞いて、しっかり身につけていってください。

解答　(1) fallait　(2) convient　(3) marche
(4) est revenue　(5) rangeons

4　**解説**　対話文の空欄に入るもっとも適切な疑問代名詞、関係代名詞、不定代名詞、疑問形容詞、不定形容詞などを、下の 7 つの選択肢から選ぶ問題です。問題数は 5、配点は各問 2 点、合計 10 点です。

空欄をおぎなう形で日本語訳を付しながら、解説していきます。

(1)　Alors, le Kabuki, ça t'a plu ?「それで、歌舞伎は気に入ったの？」という質問に、相手は Je n'ai pas (　　) compris mais c'était intéressant.「全部理解したわけじゃないけど、おもしろかったよ」と答えています。空欄を除いた部分を見ると、この文では compris (comprendre) の直接目的語補語が欠けていることがわかります。基本的に直接目的語補語は、普通名詞や固有名詞であれば動詞のうしろにつづき、補語人称代名詞になっていれば動詞の前にきますが、代名詞 tout は複合時制（複合過去など）で助動詞 avoir と過去分詞の間にきます。さらに、この問題のように否定文では、位置は pas と過去分詞の間になります。選択肢には tout がありますし、今述べた条件に合うものはほかにありません。ですので、⑦ tout が正答となります。得点率は 85%でした

(2)　Les chiens de madame et monsieur Leblanc sont très élégants.「Leblanc 夫妻の犬たちはとても優雅だ」という感想をうけて、相手は Oui, mais nos chiens sont plus intelligents que (　　).「そうだね、でもわれわれの犬たちは彼らのもの（犬たち）よりも賢いよ」と応じています。下の文では nos chiens「われわれの犬たち」が主語で、比較級になっています。話の流れから、比較の対象は、上の文で話題になっていた「Leblanc 夫妻の犬たち」にちがいありません。選択肢のうち、それを表わすのは③ les　leurs です。これは所有代名詞で、所有しているのは3人称・複数（ここでは madame　et monsieur　Leblanc）、所有されているのは男性または女性・複数 (chiens) です。得点率は 83%でした。

(**3**)　Quelle robe je vais mettre pour la fête ?「パーティーにどのドレスを着ようかしら」と言っているのに対して、相手は Mets (　　) que tu as achetée hier.「きのう買ったのにしなよ」とアドバイスをしています。空欄につづく que 以下の部分を見ると、複合過去を構成する過去分詞 achetée が女性・単数形になっています。このことから、que は関係代名詞で、空欄には女性・単数を表わす先行詞が入ることがわかります。先行詞が関係代名詞節のなかで直接目的補語となっていて、時制が複合過去である場合、過去分詞は先行詞（直接目的補語）と性・数一致します。これは準2級レベルでは知っておくべき文法事項です。選択肢のうち、女性・単数を表わしうるのは① autre と② celle ですが、autre を代名詞として用いる場合はふつう冠詞が必要になりますし、また文脈的にも意味をなしません。正解は指示代名詞② celle です。ここでは女性・単数の robe を表わしています。得点率は 89%でした。

(**4**)　Tu n'as pas pu la voir ?「彼女に会えなかったの？」と聞かれて、Si, elle est arrivée au moment (　　) je partais.「会ったよ。私が出発しようとしていたときに彼女が到着した」と答えています。空欄の前の au moment が最大のヒントです。これは au moment où「～するときに」という熟語として覚えるのがよいでしょう。正解は④ où です。これは場所あるいは時間を表わす名詞を先行詞とする関係代名詞です。ちなみに au moment où の節は半過去になっていますが、これは partir「出発する」という行為がまだ完了しておらず（未完了）、その行為が継続・進行中だったことを表わしています。この問題も (3) と同様できがよく、得点率は 89%でした。

(**5**)　Vous les connaissez tous ?「彼ら全員をご存知ですか？」という問いに

対して、相手はNon, mais (　　) d'entre eux sont des amis d'enfance.「いいえ、しかし彼らのうちの何人かは幼なじみです」と答えています。全員は知らない、しかし彼らのうちの…という話の流れと、動詞 sont が 3 人称・複数を表わしていることから、選択肢はおのずと 2 つにしぼられます。このうち③ les leurs は、上で見たように、所有代名詞で、「彼らのもの」を表わします。仮にこれを入れるとすると、「彼らのうちの彼らのもの」となり、意味が通りません。⑤ plusieurs は不定形容詞あるいは不定代名詞で、「いくつかの（もの）、何人かの（人たち）」を表わします。正解は⑤です。plusieurs はとくに不定代名詞の場合、de あるいは d'entre をしたがえることがよくありますので覚えておきましょう。得点率は 5 問中で最低でしたが、それでも 70％でした。

全 5 問の平均得点率は 83％で、前回 2019 年度春季とくらべて 25 ポイントも上昇しました。今回は選択肢の組み合わせの関係で比較的解答しやすかったのかもしれません。ですが、試験に向けて学習する際には、あたえられた選択肢のなかから消去法的に選ぶのではなく、ひとつひとつの語の意味や用法をきちんと把握したうえで、理由・根拠をもって解答できるようにしましょう。

解答　(1) ⑦　(2) ③　(3) ②　(4) ④　(5) ⑤

5　**解説**、長文中の空欄に入れるのにもっとも適切な語句を、それぞれ 3 つの選択肢のなかから選ぶ問題です。問題数は 5、配点は各問 2 点、合計 10 点です。

今回は「フランスのマンガ事情」がテーマです。文脈をたどりながら、順に解説していきます。

第 1 段落の第 1 文・第 2 文で、La France est un des pays qui s'intéressent le plus au manga. Cette bande dessinée née au Japon est présente en France depuis plus de 40 ans.「フランスはマンガにもっとも関心をよせる国の 1 つである。この日本で生まれた漫画（BD）はフランスで 40 年以上前から存在している」と主要な話題が述べられます。そのあと、空欄をふくむ第 3 文がつづきます。(　1　), les Français la refusaient parce qu'elle leur semblait trop violente.「(　1　)、フランス人たちは、それはあまりにも暴力的であ

るように見えたので、拒否していた」。これを解くために、まず第4文と第5文を見ておきましょう。Mais peu à peu ils ont compris qu’ils se trompaient. Aujourd’hui, plus personne ne pense que le manga soit un genre toujours violent.「しかし徐々に彼らは自分たちがまちがっていることを理解した。今日、マンガはつねに暴力的なジャンルであるとはもはやだれも思わない」。このように、第1段落では、拒否されていた日本のマンガが徐々に受け入れられていった40年来のプロセスが説明されています。つまりここでは時間的な順序・経緯が問題になっています。話の流れから、(1) には、そのプロセスの第1段階を表わすことばが入ると予想されます。選択肢を見ると、そのものずばり ① Au début「初めは」があります。これが正解です。② En plus「さらに、そのうえ」も、③ Par ailleurs「その一方で、それに」も、この文脈にはそぐわないつなぎのことばです。得点率は5問中もっとも高く、90％でした。

第2段落第1文の冒頭に空欄があります。これもつづく第2～4文と合わせて解釈してみます。(2), il y a des mangas sur des sujets divers. Certains racontent le voyage d’un héros qui rencontre des ennemis terribles. D’autres représentent la vie quotidienne de lycéennes. On peut aussi en trouver pour les adultes, avec des histoires assez compliquées.「(2)、さまざまなテーマについてのマンガがある。あるものは強敵に遭遇する英雄の旅を語る。また別のものは女子高生たち日常生活を描く。大人向けのものもあり、かなり複雑な物語をともなう」。内容的に、この部分は第1段落第5文で述べられている事柄（マンガは暴力的なものばかりではない）をふまえて話を展開しているようです。選択肢のうち、① En effet「たしかに、実際」は、先に述べたことの理由や根拠を具体的に説明したり、相手が言ったことに対して肯定の意を示したりあいづちをうったりするときに使います。これが正解です。逆接の意味合いをもつ ② Par contre「それに対して、そのかわり」や、例外的なことを表わす ③ Rarement「まれに」は、この文脈にはうまくあてはまりません。得点率は67％でした。

第2段落第5文もやはり冒頭部分が空欄になっています。(3) les mangas touchent un large public, des plus petits aux plus grands.「(3) マンガは子どもから大人まで、大衆の心をうつ」。選択肢を見ると、① Cela explique pourquoi「このことはなぜ～であるのかを説明している」、② Il est donc impossible que「したがって～は不可能である、③ On se demande si「～

かどうかは疑わしい」とあります。マンガが多様であることと、マンガが幅広い年齢層にうけていることとの関係は、両立不可能ということではなく、関係が不明確ということでもなく、明らかに理由と帰結の関係と考えられますので、正解は①です。得点率は70%でした。

第3段落第1文は、Cependant ces dernières années, les Français en achète de moins en moins en librairie.「しかしながら、ここ数年、フランス人たちはしだいにそれを書店で買わなくなっている」と、逆接を表わす副詞で始まっています。これをうけ、第2文では、Est-ce qu'ils auraient perdu le goût pour les mangas ?「彼らはマンガへの興味を失ったのか？」と疑問を投げかけます。第3文はそのまま空欄（ 4 ）になっていますが、これはおそらくその疑問に対する答えです。なんと答えたのかを知る手がかりは、つづく第4文・第5文にあります。Un vif intérêt continue d'exister surtout parmi les jeunes. Seulement, ils se tournent de plus en plus vers Internet pour lire les mangas.「強い関心はとりわけ若者たちの間に存在しつづけている。ただ、彼らはマンガを読むためにインターネットに向かうことが多くなっている」。つまり、フランス人たちはマンガへの興味を失ったわけではない、ただ買い方・読み方が変わっただけ、ということですので、（ 4 ）には否定を表わす文言が入るはずです。選択肢① C'est tout à fait vrai「それはまったく正しい」は、むしろ肯定の表現です。② Loin de là「ほど遠い、それどころではない」は否定的表現で、これが正解です。③ On n'en sait rien「それについてはなにも知られていない」では、第4文・第5文でむしろくわしい状況説明をしているわけですので、前後の文脈が通りません。この問題の得点率は5問中もっとも低く46%でした。loin de là という表現自体を知らなかった受験者が多かったことが低い得点率の原因かもしれません。しかし、3択ですので、残りの2つが論理的に入りえないことがわかれば、答えは1つにしぼられます。語彙・熟語・定型表現を数多く覚えるのはもちろんですが、知らない単語・表現が出てきたときに対応するための推論能力も大切です。そのためにも、ふだんから文章を読むときには、なんとなく適当にわかればいいということではなく、正確に論理をたどりながら読解することを心がけましょう。

第3段落第6文に最後の空欄があります。Même si les ventes en librairie diminuent, ce type de bande dessinée (5) dans la culture française.「たとえ書店での売り上げが減っているとしても、この種の漫画はフランス文化

のなかで（　5　）」。これが最後の文ですので、解答のためのヒントは、この前の文とどうつながるのか、ということになります。すぐ上の（　4　）のところで見たように、第 4 文・第 5 文では、マンガへの関心は若者を中心に存在しつづけているということが言われていました。選択肢 ① change de rôle「役割を変えている」で迷った受験者もいるかもしれませんが、変わったのはたんに買い方・読み方でであって、「フランス文化のなかで役割を変えている」とまでは言っていません。② garde une place importante「重要な位置を保っている」は、書店からインターネットへの移行はあるものの、マンガはフランス人たちを惹きつけてやまないわけですので、論理的にすじが通ります。これが正解です。③ perd sa valeur「その価値を失っている」は、前の部分の内容と完全に矛盾してしまいます。得点率は 63%でした。

この設問の平均得点率は 67%で、2019 年度春季とくらべると 4 ポイントあがりました。全体としては例年並みか、それよりやや低い程度ですが、1 つでも得点率が 5 割にも満たない問題があるというのは、ぜひとも避けたいところです。長文問題への対策として、文章の論理の流れをしっかりたどりながら、できるだけ多くの過去問や練習問題を解くようにしましょう。

解答　(1) ①　(2) ①　(3) ①　(4) ②　(5) ②

6　**解説**　長文を読み、その内容について述べた文が、長文の内容に一致するか否かを判断する問題です。選択式問題で、内容について述べた文は 6 つ、配点は各問 2 点、合計 12 点です。

今回は、足が大きくて気に入った靴が履けなかった Joséphine が、オーダーメイドの靴を注文する話です。

内容について述べた (1)～(6) の文を長文中の各文と対応させ、日本語訳を付しながら解説していきます。

(**1**)　Joséphine a six ans de moins que sa sœur Claire.「Joséphine は姉 Claire の 6 歳下である」。本文の冒頭に、Quand Joséphine était enfant, elle était déjà grande pour son âge. Ses pieds étaient grands, également. Elle portait régulièrement les vêtements de sa sœur Claire, qui avait six ans de plus qu'elle.「Joséphine は子どものとき、年齢のわりにすでに大きかった。彼女

の足も同様に大きかった。彼女はいつも 6 歳上の姉 Claire の服を着ていた」とありますので、内容に一致します。得点率は 82%でした。

(2) Dans son enfance, Joséphine était contente des chaussures pour hommes qu'elle portait.「子どものころ、Joséphine は自分が履いていた男性用の靴に満足していた」。第 1 段落第 4 文から第 6 文にかけて、Mais les chaussures de Claire étaient trop petites pour elle. Dans les magasins, il n'y avait pas de jolies chaussures dans les grandes tailles. Elle devait donc choisir des chaussures pour hommes : aucune ne lui plaisait.「しかし Claire の靴は彼女にとって小さすぎた。店には大きいサイズのかわいい靴はなかった。それゆえ彼女は男性用の靴を選ばなければならなかった。どれも彼女には気に入らなかった」とありますので、内容に一致しません。得点率は 89%でした。

(3) La mère de Joséphine lui recommandait de porter des chaussures sur mesure.「Joséphine の母は彼女にオーダーメイドの靴を履くことをすすめた」。これについては、第 1 段落の第 7 文・第 8 文に、Elle disait à sa mère qu'elle voulait des chaussures sur mesure. Mais sa mère refusait, parce que c'était trop cher.「彼女は母にオーダーメイドの靴が欲しいと言った。しかし母は、高すぎるという理由で拒んだ」とあり、母はすすめるどころか逆に拒んでいたわけですので、内容に一致しません。得点率は 93%でした。

(4) Quand elle a découvert à la télévision un fabricant de chaussures, Joséphine a décidé d'y aller le lendemain.「Joséphine はテレビで靴メーカーを見つけたとき、翌日そこに行こうときめた」。これに関しては、第 2 段落に、Joséphine a commencé à travailler à Lyon il y a un an. Un jour, elle a découvert à la télévision un petit fabricant de chaussures. Elle a tout de suite décidé d'y aller le lendemain.「Joséphine は 1 年前リヨンで働き始めた。ある日、彼女はテレビで小さな靴メーカーを見つけた。すぐに彼女は翌日そこに行こうときめた」とありますので、内容に一致します。得点率は 98%とひじょうによくできていました。

(5) Le fabricant de chaussures se trouvait à Lyon.「靴メーカーはリヨンにあった」。第 3 段落第 1 文に、Ce fabricant se trouvait à une heure de Lyon

en voiture.「その靴メーカーはリヨンから車で 1 時間のところにあった」とあります。車で 1 時間ということは、リヨンの町から数 10 km は離れているはずですので、「リヨンにあった」とは言えず、本文の内容に一致しません。得点率は 82％でした。

(**6**) Les chaussures que Joséphine a commandées étaient bleues.「Joséphine が注文した靴は青色だった」。これに関しては、第 3 段落の残りの第 2 文・第 3 文に、L'employée qui a parlé à Joséphine était aussi grande qu'elle. En voyant ses chaussures bleues en cuir, Joséphine a commandé le même modèle, mais en rose.「Joséphine に話しかけた女性従業員は彼女（Joséphine）と同じくらい大きかった。彼女（女性従業員）の青い革靴を見て、Joséphine は同じモデルで、でもピンク色のものを注文した」とあり、青い靴は女性従業員が履いていたもので、Joséphine が注文したのはピンク色だったことがわかります。ですので、本文の内容に一致しません。得点率は 90％でした。

この設問の平均得点率は 89％で、2019 年度春季とくらべて 2 ポイントあがりました。

解答　(1) ①　(2) ②　(3) ②　(4) ①　(5) ②　(6) ②

7

解説　会話文の空欄にあてはまるもっとも適切な語句を、それぞれ 3 つの選択肢から選ぶ問題です。空欄は 5 つ、配点は各問 2 点、合計 10 点です。

今回は、彼女に減量をすすめられている Bruno と、好きなだけ飲み食いしても太らない Michel の会話です。第三者である Chloé もふくめた登場人物の意見のちがいに注目しながら順に見ていきましょう。

まず、Bruno が Michel に、Tu fais quelque chose pour rester si mince ?「君はそんな細いままでいるために何かしてるかい？」と尋ねます。それに対する Michel の回答が（　1　）です。Michel はすぐあとにつづけて、Je mange et je bois ce que je veux et autant que je veux. Mais je ne grossis pas.「ぼくは好きなものを好きなだけ食べたり飲んだりしてるよ。でも太らないんだ」と言っています。これを見る限り、どうやら Michel は細身を維持するために特別に何かをしているわけではなさそうです。① Absolument「絶対に、ぜひとも、もちろん」や② Bien sûr「もちろん」では、むしろ特別な努力をしていることになってしまいます。正解は③ Rien de spécial「とくになにも」です。これは、ここでは、Je ne fais rien de spécial. の前半部が省略されたものと考えればよいでしょう。確認しておくと、quelque chose と rien に形容詞を付加する場合、de を間にはさんで、形容詞は男性・単数形にします。この問題の得点率は85%でした。

好きなだけ食べても太らないという Michel の発言をうけて、Bruno は感嘆符をともなって（ 2 ）で何ごとかを言い、さらにそれに対して Michel は、N'est-ce pas ?「でしょ」と返しています。これは、「そうでないことがあろうか、まさしくそうである」という反語の表現で、会話では日常的によく使われます。Michel は Bruno の言ったことを肯定的にとらえて追認した形ですので、（ 2 ）には好意的・肯定的な内容のことばが入るはずです。選択肢の① Je te plains「気の毒だね、同情するよ」と② Tant pis「仕方がない、気の毒に」は、いずれも相手の不幸や欠点などに対して同情したり哀れんだりするような、どちらかというと否定的なニュアンスをふくむ表現です。③ Tu as de la chance「運がいいね」は明らかに肯定的な意味合いをもった表現です。これが正解となります。ここの文脈ではほとんど「いいなあ、うらやましい」と同じような意味で言っていると考えればよいでしょうか。得点率は意外に伸び悩み、46%にとどまりました。ちなみに、①で使われている plaindre は「～を気の毒に思う、哀れむ、～に同情する」という意味の動詞です。代名動詞 se plaindre de「～について不平を言う、不満をもらす」の用法と合わせて覚えておきましょう。

会話のつづきを見ると、今度は Michel が Bruno に、Mais qu'est-ce que tu as ? Tu as un problème avec ton poids ?「でもどうしたんだい。体重のことで問題があるの？」と尋ねています。それに対して Bruno は、Oui et non. Hier, ma copine Chloé m'a conseillé de perdre trois kilos.「あると言えばあるし、ないと言えばない。きのう彼女の Chloé が 3 キロ減量したらとすすめてきたんだ」と答えます。Michel の発話部分（ 3 ）を解答するためのヒントは、すぐあとの Mais tu es très bien comme ça, non ?「でも君はこのままで十分いいんじゃない？」の文頭の Mais と文の内容にあります。Bruno の体重に関して、Chloé の意見と Michel の意見は明らかに対立しています。つまり Michel は、Chloé の意見に疑念を抱いたうえで、Chloé とはことなる自分の意見を打ちだしていると考えられます。選択肢① C'est vrai ?「本当？」は、これもここではいわば反語的に用いられており、「それは本当か、いや本当であるわけがない」という疑念のニュアンスをふくんでいます。ですので、これが正解です。② Elle a raison.「彼女は正しい」と ③ Pourquoi pas ?「だめなわけがない、いいとも」は、ともにChloéの意見に賛同していることになってしまい、逆接の接続詞maisからあとの文とうまくつながりません。ちなみに確認しておくと、Pourquoi pas ? も「なぜそうでないことがあろうか、まさしくそうである、いいにきまっている」という反語表現ですし、Michelのセリフの末尾の ..., non ?「～じゃない？　そうでしょ」も反語です。この問題の得点率は5問中もっとも高く、86％でした。

現状のままでいいんじゃないかというMichelの意見をうけて、Brunoは、(4), c'est pour ça que je ne sais pas quoi faire.「(4)、だからぼくはどうしたらいいかわからないんだ」と、愚痴ないし本音をもらしているようです。さらに、Je dois manger moins et arrêter de boire ? Mes gâteaux au chocolat, mes bières, c'est fini ?「ぼくは食べる量を減らし、禁酒しなければならないのか？　ぼくのチョコレートケーキ、ぼくのビールはおしまいなのか？」とつづけていることから、BrunoはもともとMichelと同じ意見をもっているものの、彼女であるChloéの意見も尊重しなければならないという、板ばさみの状態にあることがわかります。いずれにしても、(4)には、Michelの意見にひとまず賛同の意を示す、あいづちのようなことばが入るはずです。選択肢のうち、① Au contraire「反対に、それどころか、とんでもない」は、むしろ相手の意見を否定することになってしまいます。② En fait「実際は、じつは」は、その前で言われていることに対して対立のニュアンスをもつことの多い表現であり（「～だが、でもじつは」）、やはりここでは会話の自然な流れを作ることにはなりません。結局、③ Justement「まさに、そのとおり」がもっとも適切な表現ということになります。得点率は29％と、会話文の問題にしては異例の低迷ぶりでした。第三者の意見が会話に介入し、しかもBrunoの意見・立場がはっきりしない葛藤状態にあって、話のすじが見えにくかったことが、解答を困難にしている要因のひとつだったかもしれません。

この会話の場面の最後にMichelは、(5)! Il ne faut pas toujours écouter l'avis des autres.「(5)！　かならずしも他人の意見を聞く必要

はないよ」と言っています。他人、ここではChloéの意見にしたがってチョコレートケーキやビールをやめなければならないのかどうかという自問のようなBrunoの問いに、Michelが答える形になっています。Michelは、「他人の意見を聞く必要はない」、つまり、ケーキやビールを断つ必要はないという主旨の発言をしていることになりますので、空欄には否定を表わす文言が入るはずです。選択肢① Pas du tout「まったくない、いやちっとも」は、否定を強調した言い方 ne ... pas du toutの省略形で、会話でよく使われる表現です。これが正解です。② Tout à fait「まったく、完全に」はむしろ肯定を強調する表現です。③ Voilà「そう、そのとおり」も相手の言ったことに同意するあいづちのような表現で、これではBruneはケーキやビールをやめなければならないことになり、直後の文の内容と論理的に矛盾します。得点率は72%でした。

この設問の平均得点率は64%で、2019年度春季とくらべると15ポイントも下がりました。得点率が5割を下回った2問、とくに3割にも達しなかった1問が大きく足を引っぱったかっこうです。この設問は、できれば5問全問正解、まちがうにしても1問までにとどめ、8割の得点率を確保しておきたいところです。

解答　(1) ③　(2) ③　(3) ①　(4) ③　(5) ①

書き取り・聞き取り試験

解説・解答

書き取り試験

解説 ひとりっ子だったが弟が生まれたという 1 人称「私」が語る話です。5 つの文で構成されており、時制は直説法・現在、複合過去、半過去、単純未来が用いられています。リエゾンは Quand‿il の 1 箇所のみでした。得点率は 47％で、2019 年度春季とくらべると 6 ポイント下がりました。

以下、誤りの多かった箇所を中心に解説していきます。

第 1 文は Avant という副詞で始まっており、これだけでまずは過去の話だということがわかります。主語と動詞は j'étais ですので、語っているのは 1 人称・単数、時制は半過去です。この文頭の Avant を *Avons* とした誤答がいくつかありました。たしかに日本語が母語の話者の耳には鼻母音 [ɑ̃] と [ɔ̃] は区別がつきにくいかもしれませんが、書き取り試験では、1 回ですが句読点も読みますので、« , » (virgule) につづき j'étais がきている時点で、1 人称・複数の nous が主語であるはずの *Avons* はおかしいと気づくはずです。仮に動詞で始まっているとするなら、命令文の可能性もありますが、avoir の命令形は ayons です。また、属詞部分の seul enfant を *seule* enfant とした誤答がめだちました。この前にある冠詞は le ですので、形容詞もそれに合わせて男性・単数形にしなければなりません。冠詞や形容詞の性・数一致には細心の注意をはらいましょう。

第 2 文は Mais maintenant で始まっており、第 1 文の過去の話と現在の話とが対比されていることがわかります。この文でとくに多かった誤りは frère のスペルミスで、*frere*、*frére*、*frêre* などがありました。いまさらですが、フランス語の単語にはアクサン記号の付いたものがあります。単語を覚える際は、アクサンの有無・種類にも注意する必要があります。そもそも、frère、sœur、père、mère といった親族名称は基本中の基本語彙です。アクサンが付いていたり、合字 (œ) をふくんだものもありますが、これらが正確につづれないようではとても準 2 級レベルとは言えません。

第 3 文で最大のポイントは複合過去の部分です。naître は複合過去の場合、

助動詞は être で、過去分詞 né が主語と性・数一致します。ここでは主語が Il と男性・単数なので、e も s も付けずに est né とすればよいのですが、est *née*、est *ne*、est *n'ai*、*ai* né などの誤答が散見しました。また、文末の mois を同音異義語の *moi* や、やはり発音の似ている *moins* としたり、おそらく six mois をまとめて *chinois* としてしまったものもありましたが、いずれも文中で意味をなしません。

第 4 文は実質的に 2 つの文で成り立っていますが、前半部分の parler を *parle*、*parles*、*parlait*、*parlé* など、なんらかの形に活用させてしまった誤答がめだちました。peut のあとなので、ここは不定詞にしなければなりません。文と文とをつなぐはたらきをしている副詞 pourtant に関しては、*pourton*、*poutant*、*pourtemps*、*pourtemp* など、フランス語の単語として存在していないものを書く誤答が数多く見られました。後半部分では、comprends を *comprend*、*comprende*、*comprens*、*compont* などとしてしまった活用ないしつづりのミスが散見しました。

第 5 文の冒頭には今回唯一リエゾンする箇所がありますが、Quand‿il は文字どおりの [d] ではなく、[t] の音でリエゾンしますので、やはりここが難点だったようです。Quand *t'*il、Quand*-t-*il や、Quand だけで il のないもの、あるいは *continue*、*continu*、*conti*、*cont*、*contis*、*contil* など、まったく的はずれであるか存在しないものを書いてしまった誤答がありました。ごく基本的な動詞である être の単純未来形 sera もできがよくありませんでした。残念なのは、誤答のなかでも、*sur*、*sur la*、*ce la*、*se*、*seul*、*ce*、*soir* など、動詞としてすらとらえていない、つまり構文自体をとらえそこなっていると思われるものが大半を占めたことです。比較級 plus grand のところでめだった誤りは、plus がなく grand のみのもの、女性形にしてしまった plus *grande* でした。à jouer のところでは、*a* jouer、*a joue*、à *joue*、*a jouter*、*un* jouer、à *joeur*、*a jour*、à *jour*、*a joué* など、やはり文法的にありえないか、単語として存在しないものを書いた多種多様な誤答がありました。

書き取り試験は、聞こえてきたものをただ書き取ればいいというわけではありません。自分が書いた文章を読みなおして、文法的に無理がないかどうか、意味が通るかどうか、時間の許す限り何度も確認してください。文法的に、あるいは意味的におかしい部分にはかならず誤りがあります。確実に聞き取れている部分を元に考えなおしてみると、不明確な部分がわかるようになる場合もあります。

参考までに、文章全体の日本語訳を付けておきます。
「以前、ぼくは家でひとりっ子だった。でも今、ぼくには弟がいる。彼は 6 ヵ月前に生まれた。彼はまだ話すことができないけれども、ぼくは彼のことが完璧にわかる。彼がもう少し大きくなったら、サッカーを教えるつもりだ。」

解答　Avant, j'étais le seul enfant de ma famille. Mais maintenant, j'ai un petit frère. Il est né il y a six mois. Il ne peut pas encore parler, pourtant je le comprends parfaitement. Quand il sera plus grand, je lui apprendrai à jouer au foot.

聞き取り試験

1

（読まれるテキスト）

Jean : Tu te souviens de Simon, notre ancien ami ? Je l'ai rencontré aujourd'hui.

Martine : Incroyable ! Ça fait 15 ans qu'on ne l'a pas vu.

Jean : C'est vrai. Mais il n'a pas beaucoup changé. Il est toujours aussi beau. Alors je l'ai facilement reconnu.

Martine : Qu'est-ce qu'il fait maintenant ?

Jean : Ça, c'est intéressant. Il travaille comme journaliste pour une petite revue. Il est responsable de la page sur les restaurants.

Martine : C'est bien. Tu ne peux pas lui demander d'écrire sur notre restaurant ?

Jean : Bien sûr, c'est ce que je lui ai demandé. Il viendra nous voir la semaine prochaine.

（読まれる質問）

un : Qui est Simon ?
deux : Jean n'avait pas vu Simon depuis combien de temps ?
trois : Est-ce que Simon avait beaucoup changé ?
quatre : Quel est le métier de Simon ?
cinq : Qu'est-ce que Jean a demandé à Simon ?
six : Quand est-ce que Simon viendra voir Jean et Martine ?

解説　まず2人の会話を聞き、次にその内容に関する質問を聞いて、あらかじめ問題冊子に印刷されている答えの文を完成させる問題です。今回、質問の数は6つ、空欄の数は8つ、空欄ごとに1点で、合計8点です。それぞれの空欄には1語ずつ記入します。

会話を聞く前に、問題冊子に印刷された会話の設定と、(1)〜(6)の答えの文ですでに見えている部分をよく読んでおきましょう。そうすることで、会話の場面や登場人物の立場がうっすら見えてきて、空欄に入るフランス語の単語がある程度推測できるようになります。また、文の構成と空欄の位置を把握しておくと、入る語の品詞がかなりしぼられます。これだけでも解答にあたって大きなヒントになりえます。たとえば今回の問題では、(1)に ami de Jean et de Martine とありますから、会話の話題になっているのは、おそらく2人の共通の友人で、性別は男性です。(2)からは、その友人とは何年か会っておらず、それが何年であるかが問題になっていることがわかります。(3)の空欄にはきっと属詞がくるでしょうから、品詞は形容詞か名詞で、その場合は性・数に気をつけなければなりません。(4)ではその人の職業と職場が問われるはずです。(5)では、動詞 demander の用法と、エリジョンしている d' にかんがみて、最初の空欄には母音で始まる動詞の不定詞の形がくるはずです。(6)では、彼がいつ会いにくるののが問われますが、当該の語は時間に関係する女性名詞で、母音で始まっていない（la がエリジョンしていない）となると、もう答えは出ているようなものです。このように推測しておくと、とくにどこに注意して会話を聞けばよいかがはっきりわかります。

では、読まれる質問の日本語訳を提示し、問題用紙に印刷されている答えの文の空欄に解答を入れながら、順に見ていきます。

(1) の質問は「Simon はだれですか」です。会話の冒頭で、Jean は Martine に、Tu te souviens de Simon, notre ancien ami ? Je l'ai rencontré aujourd'hui.「ぼくらの古い友人 Simon を覚えてる？　きょう彼に会ったんだ」と言っています。Simon は 2 人の旧友です。ですので正解は、C'est un (ancien) ami de Jean et de Martine. となります。なお、実際には言われていませんが、vieil でもほぼ同じ意味になりますので可とします。もっとも多かった誤答は *ancient* でした。英語に引きずられたものと見られます。*vieux* もいくつかありましたが、ami が母音で始まっているため、第 2 形の vieil にしなければなりません。得点率はひじょうに低く、29％でした。

(2) の質問は「Jean はどのくらい Simon と会っていなかったのですか」です。Jean から Simon に会ったことを聞いて、Martine は、Incroyable !　Ça fait 15 ans qu'on ne l'a pas vu.「信じられない！　彼とは 15 年会ってないわよね」と驚いています。したがって正解は、Il ne l'avait pas vu depuis (15) ans. となります。quinze と書いてもかまいませんが、つづりをまちがえないようにしてください。ちなみに、答えの文の時制は大過去になっていますが、これは Simon に再開した過去の時点、ここでは「きのう」から見て、それより前のことを表わしています。得点率は 63％でした。このくらいの数字であれば、得点率はもっと高くてもよかったはずです。誤答としては、*14*、*5*、*4*、*40*、*6* など別の数字のほか、*quanze* といったつづりのミスがありました。

(3) の質問は「Simon はすごく変わっていましたか？」です。直前の Martine の発言をうけて、Jean は、C'est vrai. Mais il n'a pas beaucoup changé. Il est toujours aussi beau. Alors je l'ai facilement reconnu.「そうだね。でも彼はあんまり変わってなかった。あいかわらずハンサムだったよ。だからすぐ彼だとわかった」と言っています。ですので、答えは、Non, il était toujours aussi (beau). です。誤答として *bon*、*vu* などがありましたが、得点率は 76％と比較的よくできていました。[bo] と単音節の割に文字数が多いですが、さすがにごくごく基本的な語なので、多くの受験者が正しく書けたようです。

(4) の質問は「Simon の職業は何ですか」です。Qu'est-ce qu'il fait maintenant ?「彼は今何してるの？」という Martine の質問に対して、Jean

は、Ça, c'est intéressant. Il travaille comme journaliste pour une petite revue. Il est responsable de la page sur les restaurants.「それがおもしろいんだ。彼は小さな雑誌のジャーナリストとして働いてる。レストラン関係のページを担当してるんだよ」と答えています。したがって正解は、Il travaille comme (journaliste) pour une petite (revue). となります。journaliste の得点率は37%で、誤答としては、やはり英語に引きずられてしまった *journalist* のほか、l と r を取りちがえた *journariste*、*journarist* などがありました。revue の得点率は、筆記、書き取り・聞き取りを合わせた今回の試験の全問題でもっとも低い11%でした。この単語を知らなかった受験者が多かったためか、英語の *review* のほか、*trouve*、*trovue*、*trouvu*、*bureau* など、苦しまぎれの誤答が散見しました。

(**5**) の質問は「Jean は Simon に何をたのみましたか」です。Simon がレストラン関係のジャーナリストだと聞いた Martine は、C'est bien. Tu ne peux pas lui demander d'écrire sur notre restaurant ?「それはいいわね。私たちのレストランのことを書いてよって、あなた彼にたのんでくれない？」と Jean にもちかけます。それに対して Jean は、Bien sûr, c'est ce que je lui ai demandé.「もちろん、それはもう彼にたのんどいたよ」と答えます。正解は、Il lui a demandé d'(écrire) sur leur (restaurant). となります。écrire の得点率は31%と低調でした。誤答としては、*ecrire*、*écrir*、*écris*、*écourir*、*êcrir*、*ecurir* などのほか、*aparge*、*apage*、*autre*、*ouvrir*、*aller* など、かなりあてずっぽうのものが多数見うけられました。restaurant の得点率は74%で、誤答の大半は *restrant*、*restaurante*、*restaurants*、*restraurant*、*réstaurant* といったスペルミスでした。

(**6**) の質問は「Simon はいつ Jean と Martine に会いにきますか」です。最後に Jean は、Il viendra nous voir la semaine prochaine.「彼は来週ぼくらに会いにくるよ」と言っていますので、正解は、Il viendra les voir la (semaine) prochaine. です。得点率は81%とよくできていました。誤答のほとんどはやはり *semain*、*semeine*、*semaint*、*semane*、*sémaine*、*semene*、*semainne* などのスペルミスでした。

全8問の平均得点率は51%で、前回の2019年春季と同じでした。極端に得点率が低い問題があった割には善戦したと言えるでしょう。このように、まったく知らない、あるいは書けない語が出題されることも想定して、確実に得点できるところでは絶対に取りこぼしがないように心がけましょう。

解答 (1) (ancien)　(2) (15 / quinze)　(3) (beau)
(4) (journaliste) (revue)　(5) (écrire) (restaurant)
(6) (semaine)

2

(読まれるテキスト)

Monique a pris sa retraite l'année dernière. Elle a longtemps travaillé dans une petite boutique qui vendait du café, du thé et du chocolat. Tous ses clients étaient gentils et elle aimait son métier. Mais elle n'était pas triste quand elle a arrêté. Car elle rêvait depuis toujours de vivre autrement.

Maintenant, Monique n'a plus besoin de se lever à six heures pour être à l'heure à sa boutique. Elle dort tranquillement jusqu'à huit heures et ne va pas au lit avant minuit. C'est ainsi qu'elle a lu plus de 30 livres depuis sa retraite. Elle a aussi vu une centaine de films. Et elle a même visité plusieurs pays étrangers. Elle n'a jamais été aussi libre. Elle vit toute seule, mais elle est très heureuse.

(読まれるテキストの内容について述べた文)

un : Monique a pris sa retraite il y a deux ans.
deux : La boutique de Monique vendait du café, du thé et du chocolat.
trois : Monique n'aimait pas son métier.
quatre : Monique était triste le jour de sa retraite.
cinq : Quand Monique travaillait dans sa boutique, elle se levait à six heures du matin.

six : Aujourd'hui, Monique doit toujours se lever tôt.
sept : Depuis sa retraite, Monique a lu plus de 30 livres.
huit : Monique n'a jamais voyagé à l'étranger.
neuf : Maintenant, Monique se sent plus libre qu'avant.
dix : Monique vit avec quelqu'un.

解 説 まず、フランス語のまとまった文章を聞きます。次に、おなじくフランス語の 10 の文を聞いて、それぞれの文が、読まれたフランス語の文章の内容に一致するかどうかを判断する問題です。各問 1 点、合計 10 点です。

今回は、引退後の生活を満喫している Monique の話です。以下、長文の内容に一致するかしないかを問う 10 の文に日本語訳を付けながら解説をしていきます。

(1)「Monique は 2 年前に引退した」。これに関しては、長文の第 1 文に、Monique a pris sa retraite l'année dernière.「Monique は昨年引退した」とあるので、内容に一致しません。得点率は 92%でした。

(2)「Monique の店はコーヒー、紅茶、チョコレートを売っていた」。長文の第 2 文に、Elle a longtemps travaillé dans une petite boutique qui vendait du café, du thé et du chocolat.「彼女は長い間コーヒー、紅茶、チョコレートを売る店で働いた」とありますので、内容に一致します。得点率は 96%とひじょうによくできていました。

(3)「Monique は自分の職が好きではなかった」。長文の第 3 文に、Tous ses clients étaient gentils et elle aimait son métier.「彼女の客はみな親切で、彼女は自分の職が好きだった」とありますので、内容に一致しません。得点率は 73%でした。

(4)「引退の日、Monique は悲しかった」。これに関しては、長文の第 4 文・第 5 文に、Mais elle n'était pas triste quand elle a arrêté. Car elle rêvait depuis toujours de vivre autrement.「しかし彼女は（仕事を）やめたとき、

悲しくなかった。というのも、彼女はずっと以前から別の生き方を夢見ていたからだ」と、悲しくなかった理由まで示しています。当然内容に一致していません。得点率は 72%でした。

(5) 「Monique は店で働いていたとき、朝 6 時に起きていた」。長文の第 6 文に、Maintenant, Monique n'a plus besoin de se lever à six heures pour être à l'heure à sa boutique.「今、Monique は、店に定時出勤するために、朝 6 時に起きる必要はもうない」とあります。今はもうない、ということは、以前はそうだった、ということですので、内容に一致します。得点率は 75 %でした。

(6) 「今日、Monique はやはり早起きをしなければならない」。これに関しては、長文の第 7 文に、Elle dort tranquillement jusqu'à huit heures et ne va pas au lit avant minuit.「彼女は 8 時までゆっくり眠り、真夜中以前には就寝しない」とあります。起床は現役のときより 2 時間も遅いですし、8 時までゆっくり眠っているようですので、少なくとも「早起き」ではないでしょう。したがって、内容に一致しません。得点率は 62%と、聞き取り2の問題としてはやや低めでした。

(7) 「引退して以降、Monique は 30 冊以上の本を読んだ」。長文の第 8 文に、C'est ainsi qu'elle a lu plus de 30 livres depuis sa retraite.「こうして、彼女は引退して以降 30 冊以上の本を読んだ」とあります。読まれる文 7 と語順がちがうだけで、まったく同じことを言っていますので、内容に一致します。得点率は 84%でした。

(8) 「Monique は外国に旅行したことがない」。長文の第 9 文・第 10 文に、Elle a aussi vu une centaine de films. Et elle a même visité plusieurs pays étrangers.「彼女は映画も 100 本くらい観た。またいくつかの外国にさえも訪れた」とありますので、内容に一致しません。得点率は 71%でした。

(9) 「今、Monique は以前よりも自由であると感じている」。これに関しては、長文の第 11 文に、Elle n'a jamais été aussi libre.「彼女はかつてこれほど自由であったことはなかった」とあります。かつてこれほど自由であったことはなかった、ということは、ひるがえって言うと、これまでで今が1番自由である、ということは、今は以前よりも自由である、ということになります。ですので、内容に一致します。得点率はこの設問中もっとも低く、しかも5割を切り、49%でした。論理を1度ひるがえして考えないといけないところがむずかしかったかもしれません。

(10) 「Moniqueはだれかといっしょに暮らしている」。長文の最終第12文に、Elle vit toute seule, mais elle est très heureuse.「彼女はひとりで暮らしているが、とても幸せである」とありますので、内容に一致しません。得点率は81%でした。

全10問の平均得点率は76%で、2019年度春期と同じでした。

上の解説を見ればわかるように、10題の読まれる文のそれぞれが関わるのは、だいたいフランス語の長文の1文ないし2文です。つまり、長文のなかで、問題に関与しない文のほうが少ないわけです。1文ごとにかならず何かが問われることを前提に、できれば何が問われるのかを予測し、そして確認・再確認しながら、長文を聞くようにしましょう。

解答　(1) ②　(2) ①　(3) ②　(4) ②　(5) ①
(6) ②　(7) ①　(8) ②　(9) ①　(10) ②

1次試験配点表

<table>
<tr><td rowspan="2">筆記試験</td><td>1</td><td>2</td><td>3</td><td>4</td><td>5</td><td>6</td><td>7</td><td>小計</td><td rowspan="2">書き取り</td><td>小計</td><td rowspan="2">聞き取り</td><td>1</td><td>2</td><td>小計</td><td>合計</td></tr>
<tr><td>8点</td><td>10</td><td>10</td><td>10</td><td>10</td><td>12</td><td>10</td><td>70</td><td>12</td><td>8</td><td>10</td><td>18</td><td>100</td></tr>
</table>

2 次 試 験

試験方法

音　読

問題カードに印刷された35語程度のフランス語の文章を音読します。配点は10点です。

試験の進行は基本的に春季と同じです。音読する前の、1分間の黙読する時間に、内容や発音を確認しておきましょう。文章には意味・内容がありますので、機械的に字づらだけを追って読もうとしてもうまくいきません。しっかり内容を把握し、全体の流れをつかんで読むと、おのずと相手にとって聞き取りやすい発音になります。

本番の試験では、発音規則にのっとって、とくにリエゾンすべき箇所とリエゾンしてはならない箇所に注意しながら、ゆっくり、はっきり、自信をもって読んでください。読みまちがえても、読みなおすことができますので大丈夫です。

質問と答え

問題カードに印刷されたフランス語の文章についての2つの質問と、イラストについての3つの質問の合計5つの質問に答えます。質問と答えのやりとりは、すべてフランス語でおこなわれます。配点は、各質問4点、合計20点です。

各質問には、原則として、主語と動詞をふくむ完全なフランス語の文で答える必要があります。日常会話では、かなり省略した答え方でも通じますし、むしろそのほうが自然である場合もありますが、これは検定試験ですので、欠けている要素のない、完全な文で答えてください。省略した答え方をすると、確実に減点の対象となります。質問のなかで出てきた普通名詞・固有名詞を代名詞にすることも忘れないようにしましょう。

イラストについての質問では、人やものの数、時刻、天候といった定番問題がかならず1つは出ます。イラストを見たら、何がいくつあるのか、時刻・天候はどうか、それについてどう言えばいいのか、質問される前提で予想しておくとよいでしょう。

解説

A

音読

勤務先まで車で10分のGeorgesが、医師の勧めでけさは自転車通勤、という内容の文章です。第3文のtrès‿agréableはかならずリエゾンします。第2文のest alléのところはリエゾンをしてもしなくてもかまいません。

質問と答え

音読した文章についての質問

Question 1 : Georges met combien de temps pour aller au travail en voiture ?「Georges は車で通勤するにどのくらい時間をかけますか」という質問です。第1文を使い、主語のGeorgesを代名詞ilに置きかえて答えます。Il met dix minutes.「彼は10分かけます」が正解です。後半部分のpour aller au travail en voitureは質問にとって本質的な要素ではないので、あってもなくてもかまいませんが、主語・動詞のIl metは省略してはいけません。省略すると減点されます。

Question 2 : Pourquoi Georges est allé au travail à vélo ce matin ?「なぜGeorgesはけさ自転車で職場に行ったのですか」という質問です。第2文を使って答えます。pourquoiで尋ねられていますので、文中にすでにあるparce queを落とさないようにしましょう。Parce que son médecin lui a conseillé de faire du sport pour sa santé.「なぜなら彼の医師が健康のためにスポーツをするよう彼に勧めたからです」が正解です。pour sa santéは省略してもなんとか許容範囲ですが、間接目的補語luiは省略せずにきちんと読んでください。sportは英語読みになりがちなので、語末のtは発音せずに、[spɔːʀ]と発音しましょう。

イラストについての質問

Question 3 : Qu'est-ce qu'il y a devant le bâtiment ?「建物の前に何がありますか」という質問です。建物の前には車が3台ありますので、Il y a trois voitures.「車が3台あります」とすれば正解です。数を聞かれているわけではないので、Il y a des voitures.としてもよいでしょう。非人称構文であっても、主語・動詞部分のIl y aを省略してはいけません。

Question 4: Le garçon, qu'est-ce qu'il fait ?「少年は何をしていますか」という質問です。イラストのなかには男性が2人描かれていますが、「少年」は右下の犬を連れた人物です。Il promène un chien.「彼は犬を散歩させています」が正解です。これにはいくつか答え方があるので、下の **解答例** を参照してください。なお、絵を見ると、少年は明らかに犬を散歩させているので、Il marche.「彼は歩いている」あるいは Il se promène.「彼は散歩している」と答えるだけでは不十分ということになります。

Question 5: Quelle heure est-il ?「何時ですか」という質問です。建物入口上にある時計は8時を指していますので、Il est huit heures.「8時です」が正解です。huit‿heuresはかならずリエゾンしますので気をつけましょう。午前なのか午後なのか、イラストからはよくわかりませんが、du matin「朝の」あるいはdu soir「晩の」を付け加えてもかまいません。実質的にhuit heures du soirと同じvignt‿heuresでもかまいませんが、これもリエゾンします。そしてこの場合はdu soirを付けないことになっていますので、注意してください。

解答例 （　）内は省略可。[/]は/の左右どちらでも可。

Question 1: Il met dix minutes (pour [aller au travail / y aller] en voiture).

Question 2: Parce que son médecin lui a conseillé de faire du sport (pour sa santé).

Question 3: Il y a [trois / des] voitures.

Question 4: Il promène [un / son] chien. / Il [se promène / marche] avec [un / son] chien. Il fait une [promenade / marche] avec [un / son] chien.

Question 5: Il est huit‿heures ([du matin / du soir]). / Il est vingt‿heures.

B

音　読

在宅勤務のジャーナリスト Juliette が来月発行予定の雑誌に掲載される記事を執筆中という内容の文章です。第 3 文の un‿article、第 4 文の dans‿une はかならずリエゾンします。第 2 文の mais elle と souvent aller のところはリエゾンしてもしなくてもかまいません。第 1 文の Généralement elle のところはリエゾンしてはいけません。

質問と答え

音読した文章についての質問

Question 1 : Où est-ce que Juliette travaille généralement ?「Juliette はたいていどこで働いていますか」という質問です。第 2 文を使い、Juliette を代名詞 elle に置きかえて答えます。Elle travaille à la maison.「彼女は家で働いています」が正解です。à la maison のかわりに chez‿elle でもまいませんが、その場合はかならずリエゾンします。généralement は付けても付けなくてもかまいませんし、付ける場合は文頭でも文末でもかまいません。

Question 2 : Quand est-ce que l'article de Juliette paraîtra ?「Juliette の記事はいつ掲載されますか」という質問です。これは第 4 文がそのまま答えになっていますから、Il paraîtra dans une revue le mois prochain.「それは来月ある雑誌に掲載されます」と答えます。dans une revue はなくてもかまいません。Le mois prochain. だけでは、主語・動詞がないので、十分な答えとは言えません。

イラストについての質問

Question 3 : Combien de livres y a-t-il sur la table au centre ?「中央のテーブルには本が何冊ありますか」という質問です。3 冊ありますので、Il y en‿a trois. が正解です。リエゾンする箇所がありますので注意してください。中性代名詞 en を使わずに Il y a trois livres. としてもけっこうです。いずれも sur la table au centre を付けてもかまいません。中性代名詞と元の名詞両方を入れて Il y en a trois livres. とすると、文法的なまちがい、つまり不正解となりますので気をつけてください。

Question 4 : La petite fille, qu'est-ce qu'elle fait ?「小さな女の子は何をしていますか」という質問です。イラストのなかに女性は2人いますが、「小さな女の子」は中央にいて、いすにすわり、テレビを見ていますので、Il regarde la télévision. と答えます。la télévision は la télé でもかまいません。

Question 5 : Quel temps fait-il ?「どんな天気ですか」という質問です。窓の外は雨模様ですので、Il pleut.「雨が降っています」が正解です。Il fait mauvais.「天気が悪いです」でもよいでしょう。天候を問うのは定番問題です。Il fait beau.「よい天気です」、Il neige.「雪が降っています」と合わせて覚え、本番で出題されたら確実に解答・得点できるようにしておきましょう。また、今さらですが、temps には「時間」と「天気」の2つの意味があります。Quel temps fait-il ? は「天気」の意味のほうです。イラストでは壁に時計がかけてあってまぎらわしいですが、「時刻」を尋ねる場合は Quelle-heure est-il ? ですので、勘ちがいしないようにしましょう。

解答例　(　　) 内は省略可。[/] は / の左右どちらでも可。

Question 1 : (Généralement) elle travaille [à la maison / chez‿elle].
Question 2 : Il paraîtra (dans une revue) le mois prochain.
Question 3 : [Il y en‿a trois / Il y a trois livres] (sur la table au centre).
Question 4 : Elle regarde [la télévision / la télé].
Question 5 : Il pleut. / Il fait mauvais (temps).

学校別受験者数一覧

2019 年度春季　　＜大学・短大別出願状況＞

出願者数合計が 10 名以上の学校を抜粋しました（50 音順）。

	学校名	合計		学校名	合計		学校名	合計
団体	愛知県立大学	39	団体	神戸大学	14	団体	獨協大学	65
	愛知大学	36	団体	國學院大學	12	団体	富山大学	24
団体	青山学院大学	78	団体	国際教養大学	38	団体	長崎外国語大学	65
団体	跡見学園女子大学	23	団体	駒澤大学	13		長崎大学	22
団体	茨城キリスト教大学	11		首都大学東京	28	団体	名古屋外国語大学	37
	岩手大学	15	団体	順天堂大学	11		名古屋学院大学	10
団体	宇都宮大学	10	団体	上智大学	85		名古屋大学	10
団体	大阪大学	64	団体	昭和女子大学	23	団体	奈良女子大学	13
	岡山大学	13	団体	白百合女子大学	94	団体	南山大学	42
団体	沖縄国際大学	11	団体	信州大学	10		新潟大学	19
団体	お茶の水女子大学	36	団体	椙山女学園大学	21		日本女子大学	17
	香川大学	16	団体	成城大学	62	団体	日本大学	79
団体	学習院大学	55	団体	聖心女子大学	17	団体	広島大学	12
団体	鹿児島純心女子短期大学	12	団体	西南学院大学	31	団体	フェリス女学院大学	25
団体	鹿児島大学	47	団体	創価大学	16	団体	福岡大学	28
団体	神奈川大学	13		大東文化大学	26	団体	法政大学	47
団体	金沢大学	26	団体	拓殖大学	90		松山大学	11
	関西大学	42	団体	千葉大学	60	団体	武庫川女子大学	41
	関西学院大学	72	団体	中央大学	91	団体	武蔵大学	46
団体	九州大学	12		中京大学	23	団体	武蔵野美術大学	33
団体	京都外国語大学	73		筑波大学	11	団体	明治学院大学	63
団体	京都産業大学	75		津田塾大学	22	団体	明治大学	150
団体	京都女子大学	13	団体	東海大学	39		名城大学	19
団体	京都大学	29		東京外国語大学	13	団体	桃山学院大学	11
団体	共立女子大学	22		東京大学	67	団体	山形大学	92
団体	金城学院大学	51		同志社大学	24	団体	立教大学	74
団体	群馬県立女子大学	18	団体	東北学院大学	13	団体	立命館大学	61
団体	慶應義塾大学	248		東北大学	57	団体	龍谷大学	12
団体	甲南大学	13		東洋大学	36	団体	早稲田大学	104

2019 年度春季　＜小・中・高校・専門学校別出願状況＞

出願者数合計が 5 名以上の学校を抜粋しました（50 音順）。

	学校名	合計		学校名	合計		学校名	合計
団体	アサンプション国際中学校・高等学校	15	団体	暁星中学・高等学校	29	団体	大阪府立千里高等学校	8
団体	埼玉県立伊奈学園総合高等学校	46	団体	啓明学園中学校・高等学校	12	団体	東京女子学院中学校高等学校	6
団体	大妻中野中学校・高等学校	53	団体	神戸海星女子学院中学・高等学校	11	団体	日本外国語専門学校	25
	学習院女子中・高等科	13	団体	兵庫県立国際高等学校	5	団体	福島県立福島南高等学校	25
	埼玉県立春日部女子高等学校	5	団体	岩手県立不来方高等学校	8	団体	雙葉中学校・高等学校	8
団体	カリタス女子中学高等学校	145	団体	白百合学園中学高等学校	81	団体	神奈川県立横浜国際高等学校	38
	神田外語学院	9	団体	聖ウルスラ学院英智高等学校	61	団体	立命館宇治中学校・高等学校	32
	暁星国際小学校	10	団体	聖ドミニコ学園中学高等学校	20	団体	早稲田大学高等学院	12

2019年度秋季　＜大学・短大別出願状況＞

出願者数合計が10名以上の学校を抜粋しました（50音順）。

	学校名	合計		学校名	合計		学校名	合計
団体	愛知県立大学	55	団体	国際教養大学	31	団体	富山大学	19
	愛知大学	22	団体	駒澤大学	19	団体	長崎外国語大学	28
団体	青山学院大学	156		島根大学	18		長崎大学	21
団体	秋田大学	13		首都大学東京	16	団体	名古屋外国語大学	74
団体	亜細亜大学	130	団体	順天堂大学	91		名古屋学院大学	16
団体	跡見学園女子大学	34	団体	上智大学	109	団体	奈良女子大学	16
団体	茨城キリスト教大学	70	団体	昭和女子大学	20	団体	南山大学	79
	岩手大学	19	団体	白百合女子大学	124		新潟大学	30
団体	宇都宮大学	21	団体	信州大学	16		日本女子大学	38
団体	愛媛大学	11	団体	椙山女学園大学	31	団体	日本大学	216
団体	大阪教育大学	24	団体	成城大学	162	団体	広島修道大学	13
団体	大阪大学	116	団体	聖心女子大学	32		広島市立大学	12
団体	大妻女子大学	13	団体	西南学院大学	44	団体	広島大学	14
	岡山大学	13		専修大学	17	団体	フェリス女学院大学	27
団体	沖縄国際大学	12		大東文化大学	12	団体	福岡大学	63
	小樽商科大学	13	団体	拓殖大学	246		文教大学	21
団体	お茶の水女子大学	40	団体	千葉大学	35	団体	法政大学	64
団体	学習院大学	175	団体	中央大学	92		北星学園大学	14
団体	鹿児島純心女子短期大学	12		中京大学	27		北海道大学	20
団体	神奈川大学	11		筑波大学	22		松山大学	17
団体	金沢大学	36		津田塾大学	33	団体	武庫川女子大学	243
	関西大学	53	団体	帝京大学	23	団体	武蔵大学	59
	関西学院大学	78	団体	東海大学	68	団体	武蔵野大学	13
団体	神田外語大学	10		東京外国語大学	22	団体	武蔵野美術大学	28
団体	九州大学	49		東京藝術大学	10	団体	明治学院大学	79
団体	京都外国語大学	85		東京大学	50	団体	明治大学	252
団体	京都産業大学	74		東京理科大学	14		名城大学	26
団体	京都女子大学	20	団体	同志社女子大学	11	団体	桃山学院大学	18
団体	京都大学	23		同志社大学	37	団体	山形大学	71
団体	共立女子大学	46	団体	東北学院大学	18		横浜国立大学	27
	近畿大学	24		東北大学	125	団体	立教大学	214
団体	金城学院大学	72	団体	東洋英和女学院大学	20	団体	立命館大学	81
団体	慶應義塾大学	443		東洋大学	93	団体	龍谷大学	10
団体	甲南大学	25		徳島大学	13	団体	早稲田大学	192
	神戸女学院大学	21	団体	常葉大学	42			
団体	神戸大学	20	団体	獨協大学	76			

2019年度秋季　＜小・中・高校・専門学校別出願状況＞

出願者数合計が5名以上の学校を抜粋しました（50音順）。

	学校名	合計		学校名	合計		学校名	合計
団体	アサンプション国際中学校・高等学校	17	団体	暁星中学・高等学校	27	団体	東京女子学院中学校高等学校	7
団体	埼玉県立伊奈学園総合高等学校	34	団体	慶應義塾高等学校	8	団体	同志社国際中学校・高等学校	5
団体	東京都立桜修館中等教育学校	5		慶應義塾女子高等学校	5	団体	日本外国語専門学校	37
団体	大妻中野中学校・高等学校	123	団体	神戸海星女子学院中学・高等学校	49		日本女子大学附属中学校・高等学校	5
団体	小林聖心女子学院高等学校	6		神戸国際中学校・高等学校	5	団体	東京都立日比谷高等学校	16
	学習院女子中・高等科	12		埼玉県立越谷南高等学校	5	団体	雙葉中学校・高等学校	12
	埼玉県立春日部女子高等学校	5	団体	岩手県立不来方高等学校	5	団体	東京都立三田高等学校	12
団体	神奈川県立神奈川総合高等学校	5	団体	大阪市立咲くやこの花高等学校	6	団体	武蔵高等学校	5
団体	カリタス小学校	45	団体	湘南白百合学園中学・高等学校	12	団体	明治大学付属中野八王子中学校・高等学校	5
団体	カリタス女子中学高等学校	93	団体	白百合学園中学高等学校	196	団体	神奈川県立横浜国際高等学校	18
	神田外語学院	17	団体	聖ウルスラ学院英智高等学校	46	団体	早稲田大学高等学院	142
団体	東京都立北園高等学校	17	団体	聖ドミニコ学園中学高等学校	31			

文部科学省後援

実用フランス語技能検定試験

2020年度版2級・準2級

仏検公式ガイドブック

（CD付）

定価（本体2,300円＋税）

2020年4月10日 発行

編　者
発行者　公益財団法人　フランス語教育振興協会

発行所　公益財団法人　**フランス語教育振興協会**

〒102-0073 東京都千代田区九段北 1-8-1 九段101ビル 6F
電話（03）3230-1603　FAX（03）3239-3157
http://www.apefdapf.org

発売所　（株）**駿河台出版社**

〒101-0062 東京都千代田区神田駿河台 3-7
振替口座 00190-3-56669番
電話（03）3291-1676（代）　FAX（03）3291-1675
http://www.e-surugadai.com

ISBN978-4-411-90292-4　C0085　￥2300E

落丁・乱丁・不良本はお取り替えいたします。
当協会に直接お申し出ください。